MINDFULNESS:
UN CAMINO DE DESARROLLO PERSONAL

Programa de desarrollo personal
Mindfulness Based Mental Balance (MBMB)

SANTIAGO SEGOVIA

MINDFULNESS: UN CAMINO DE DESARROLLO PERSONAL
Programa de desarrollo personal
Mindfulness Based Mental Balance (MBMB)

2ª edición

BIBLIOTECA DE PSICOLOGÍA
Desclée De Brouwer

1ª edición: abril 2017
2ª edición: marzo 2018

© Santiago Segovia, 2017

© EDITORIAL DESCLÉE DE BROUWER, S.A., 2017
Henao, 6 - 48009 Bilbao
www.edesclee.com
info@.edesclee.com

 EditorialDesclee

 @EdDesclee

Cualquier forma de reproducción, distribución, comunicación pública y transformación de esta obra solo puede ser realizada con la autorización de sus titulares, salvo excepción prevista por la ley.
Diríjase a CEDRO (Centro Español de Derechos Reprográficos –www.cedro.org–), si necesita fotocopiar o escanear algún fragmento de esta obra.

Impreso en España - Printed in Spain
ISBN: 978-84-330-2915-7
Depósito Legal: BI-567-2017

A mis padres
In memoriam

Gnothi seauton

Índice

Agradecimientos 13

Prólogo.. 15

Introducción 19

1. Mindfulness.................................... 23
   ¿Qué es *mindfulness*? 23
   Budismo y *mindfulness*........................... 28
   Mindfulness y psicología......................... 31
      La atención 33
      Aprendizaje y reestructuración cognitivo-emocional 36
      La consciencia.............................. 40
   El cerebro *mindful* 42
      La red neural por defecto.................... 43
      La red neural *mindful*...................... 46
      La práctica de meditación basada en *mindfulness*:
         cambios con el sistema nervioso central........ 48

2. Sufrimiento y *mindfulness* 51
   Dolor y sufrimiento. 53
   ¿Cómo hacemos para sufrir? Psicología del sufrimiento 57
     Generalización, discriminación y condicionamientos
        de orden superior 57
     La ignorancia 61
     El Yo 68
     El deseo 78
     La identificación 82
     El apego. 91
     Reactividad emocional y la evitación experiencial. . 94
     La anticipación de respuesta 97
   ¿Cómo nos ayuda la práctica de meditación basada
      en *mindfulness* en la liberación del sufrimiento? ... 98

3. Programa de desarrollo personal: *Mindfulness Based Mental Balance* (MBMB). 103
   Mindfulness y desarrollo o crecimiento personal 103
     Espiritualidad, desarrollo personal y *mindfulness*. . 104
     El programa *Mindfulness Based Mental Balance* ... 106
   La práctica, paso a paso 108
   Nivel I: El desarrollo de la serenidad y señalamiento
   del estado *mindful* de consciencia 111
     Instrucciones para la práctica 111
     El desarrollo de la serenidad 117
     Señalando el estado *mindful* de consciencia. 126
     El desarrollo del estado *mindful* de consciencia ... 129
   Nivel II: Consciencia *mindful* en la vida cotidiana.
   Autorregulación de emociones y motivaciones 133
     Estabilizando la consciencia *mindful* 134
     Practicando en la vida cotidiana 135
     La práctica con las emociones: Autorregulación
        emocional 138

Equilibrando nuestras intenciones: Las prácticas
de autocompasión y compasión............... 146
Nivel III: Consciencia *mindful* sin elección, estado de
Presencia, reestructuración cognitiva............... 158
    Practicando la consciencia *mindful* sin elección ... 158
    El estado de presencia........................ 162
    Reestructuración cognitiva.................... 163
    Practicando con la impermanencia............. 166
    Practicando con la contingencia................ 169
    Nuestros actos tienen consecuencias............ 173
    Todo esta impregnado de consciencia............ 175
    Espontaneidad............................... 176

Epílogo... 181

Referencias.. 185

Otras lecturas..................................... 189

Agradecimientos

Los libros tienen autor pero, en realidad, en su largo proceso de creación y maduración participan directa o indirectamente otras personas. Sin esas personas, un libro es tal vez posible, pero, desde luego, sería de otra manera. En este sentido, mi agradecimiento a Bárbara Kosen, maestra zen, a San Chien, monje *theravada*, y a Begoña Ojeda, maestra de vida. Sin su influencia, este libro hubiera resultado diferente.

Mi agradecimiento a todos y cada uno de los alumnos de los talleres y cursos de meditación basada en *mindfulness* que a lo largo de estos diecisiete años han estimulado el compromiso con la práctica y me hicieron ver la necesidad de estructurar la enseñanza que venía impartiendo en un programa de desarrollo personal, el programa *Mindfulness Based Mental Balance* (MBMB) y, también, la de escribir este libro.

Gracias, también, a mi mujer y a mis hijos, que han aceptado las horas dedicadas a escribir cuando pudieran haberlas disfrutado ellos.

Gracias al Prof. Vicente Simón por el interés y tiempo dedicado a este manuscrito, así como por sus consejos editoriales, y, por último, al equipo editorial por la confianza depositada y el esfuerzo realizado para que la obra esté en manos de los lectores.

Prólogo

El libro que el lector o lectora tiene en sus manos, por más que sea un libro de *mindfulness*, no es un libro de *mindfulness* más. Lo que lo diferencia de muchos otros es que contiene un método propio para que el practicante no solo aprenda a meditar, sino que, además, avance en el desarrollo de la consciencia y en el camino espiritual. Este método ha sido bautizado por su autor con el nombre *Mindfulness Based Mental Balance* (Equilibrio Mental Basado en *Mindfulness*).

Santiago Segovia, en su escuela madrileña, comenzó hace ya algunos años a dirigir a sus alumnos de manera personalizada, acompañándolos en su proceso de maduración y cultivando la relación maestro-discípulo, de manera similar a la que llevan a cabo los maestros orientales o los directores espirituales en contextos religiosos occidentales.

Todos los que tenemos experiencia en la enseñanza de *mindfulness* nos damos cuenta de que suele faltar un aspecto muy importante en la formación de nuestros alumnos, un aspecto que va más allá de la mera tarea de enseñar al principiante a meditar. Cuando alguien comienza a practicar la meditación, se pone en marcha un proceso de desarrollo y maduración personal que tiene como hilo conductor el incremento de la consciencia. El nuevo meditador comienza a hacerse consciente de muchos aspectos, tanto del mundo externo en el que vive como de su mundo íntimo y subjetivo, aspectos en los que hasta ese momento, no había reparado. En mi opinión, este proceso de concienciación progresiva, una vez se ha puesto verdaderamente en marcha, no tiene fin. El proceso adquiere una dinámica propia, que no es otra que la que el desarrollo de la consciencia va imponiendo. Cuando nos hacemos conscientes de algo, cambia nuestra perspectiva de las cosas, del mundo y de nosotros mismos. Ese proceso, aunque sea de naturaleza liberadora y de inspiración creativa, no siempre es, sin embargo, fácil. El principiante descubre facetas insospechadas de sí mismo y de la realidad. No es extraño que se tenga que enfrentar a tomas de decisión para las que, al principio, no se siente capacitado o que, sencillamente, le dan miedo. En esos momentos, todos necesitamos de un guía, de alguien que, por su experiencia, haya pasado ya por trances semejantes y sea capaz de apoyarnos con su compresión, de orientarnos en el camino y de hacernos sentir que no estamos solos. Por eso ha existido siempre la figura del maestro, que en occidente se ha llamado, con frecuencia, el director espiritual.

Es cierto que esta figura del maestro no resulta de fácil encaje en nuestra sociedad ultramoderna, laica y digitalizada. Las relaciones personales no son como eran antes y, tanto la figura del maestro oriental como la más familiar para nosotros del director espiritual, habrán de sufrir una cierta adaptación para que sean asimiladas y asimilables en nuestra sociedad actual. El autor de este libro tiene experiencia en estas labores de formación y dirección en nuestro entorno cultural concreto, y es esa experiencia y ese saber el que se nos va comunicando a lo largo de las páginas de este libro.

El libro consta de tres partes claramente diferenciadas. En la primera de ellas, que versa sobre *mindfulness*, se nos explica que *mindfulness* es una forma intencional de prestar atención y que el manejo correcto de nuestra capacidad atencional es lo que nos permite lograr un aprovechamiento óptimo de nuestra mente humana. La atención bien administrada nos posibilita desarrollar la consciencia de una manera plena.

En la segunda parte del libro, dedicada a la relación entre *mindfulness* y el sufrimiento, encontramos un análisis psicológico, especialmente original y lúcido, de cómo la mente de los seres humanos, no acertando a utilizar bien sus considerables adquisiciones filogenéticas, acaba extraviándose en su camino vital y originando un sufrimiento superfluo y prescindible. Es precisamente una compresión profunda del funcionamiento de la mente y un cambio en nuestra manera de "utilizarla", lo que nos permitirá salir de ese laberinto del sufrimiento en el que, con tanta facilidad, nos perdemos.

En la tercera y última, se expone el programa desarrollado por Santiago Segovia: *Mindfulness Based Mental Balance* (**MBMB**). La virtud de este programa radica en que nos ofrece una práctica de mindfulness estructurada, en la que se nos transmiten instrucciones precisas de manera ordenada y secuencial. El autor nos guía paso a paso, diciéndonos qué y cómo debemos practicar en cada momento, de manera que en el practicante vaya generándose un equilibrio psicológico reductor del sufrimiento y conducente al bienestar.

Es este acompañamiento sabiamente orientado y estructurado (que refleja la experiencia del autor en estos menesteres) lo que hace que este libro brinde a los lectores un método seguro y original con el que afrontar la tarea de entrenarse en *mindfulness*, desarrollar la consciencia y experimentar una transformación liberadora del sufrimiento.

Animo a los meditadores, ya sean experimentados o solo principiantes, a que comiencen sin más preámbulos la lectura del libro, sabiendo que van a encontrar en él una guía lúcida para transformar su mente y alcanzar la paz.

Junio 2016,
Vicente Simón

Introducción

Este libro es fruto de la experiencia acumulada en la enseñanza de meditación basada en *mindfulness*, la cual, con el tiempo, se ha concretado en el programa de desarrollo personal: *Mindfulness Based Mental Balance*. Esta enseñanza de la atención plena empezó en 1999 como un taller permanente de meditación en la Facultad de Psicología de la Universidad Nacional de Educación a Distancia (UNED), donde realizaba funciones docentes y de investigación como catedrático de Psicobiología. El libro tiene la pretensión de llenar una laguna existente entre la ingente cantidad de publicaciones sobre *mindfulness* o plena atención. Estas, o son de textura budista, tan alejada de la tradición occidental y, por lo tanto, recogen la enseñanza budista en cualquiera de sus vertientes o, alternativamente, son libros que están destinados a los profesionales de la salud mental o, salvo alguna excepción, se trata de libros próximos a lo que solemos entender como "autoayuda". *Mindfulness: Un Camino de Desarrollo Personal* es, sin embargo, un libro que, manteniendo fidelidad a lo esencial del legado budista, aborda la meditación basada en *mindfulness* como un camino de desarrollo personal y lo hace desde una actitud científica, analizando los diversos conceptos que habitualmente aparecen en los textos budistas y de autoayuda, tales como el deseo, el apego, la ignorancia o el *Yo*. Además, es un libro eminentemente enfocado a la práctica y contiene, por ello, el programa de meditación *Mindfulness Based Mental Balance* (**MBMB**), el cual, paso a paso, nos enseña la práctica de meditación basada en *mindfulness* a fin de potenciar nuestro desarrollo personal y un bienestar psicológico eudaimónico, es decir, autónomo de las circunstancias vitales internas y externas.

En Occidente, el desarrollo o crecimiento personal es una actitud y una finalidad cuyas raíces las podemos ya encontrar en el pensamiento socrático recogido por Platón. La *epimeleia heautou* (cuidado de sí), que nos conduce al délfico *gnothi seauton* (conócete a ti mismo) formaba parte de la educación ciudadana. En algún momento de la historia del pensamiento occidental el interés por la *epimeleia heautou* y el *gnothi seauton* se pierde, pérdida que, según Foucault (1994, pp. 33-41), tiene su punto cumbre en el pensamiento cartesiano. Sería, según Foucault, a partir de Descartes que la filosofía como modo de vida (vivir según lo que uno piensa como verdadero) es relegada y pasa a ser un modo de conocimiento más bien erudito, no necesariamente vinculado a la vida. Del desarrollo personal, que se torna en *espiritualidad*, se ocupará, entonces, la religión. Para Foucault esta sería la forma en que el crecimiento personal, en su sentido clásico, y la metodología que lo hacía posible abandonan el ámbito de lo laico para convertirse en esa espiritualidad que la religión se ha reservado.

Curiosamente, es de la mano de metodologías orientales que en Occidente hemos empezado a recuperar el sentido filosófico clásico del *epimeleia heautou* y el *gnothi seauton*. El budismo, que a la par que una religión es una filosofía y una psicología, y el particular enfoque de Krishnamurti han sido, en mi opinión, especialmente decisivos en esta recuperación del cuidado de sí y el conocimiento de uno mismo que viene sucediendo en nuestra cultura occidental con más o menos fortuna desde la segunda mitad del siglo pasado y que algunos (Comte-Sponville, 2006; Corbí, 2007) han quedado en reclamar como una *espiritualidad laica*.

Es dentro de este contexto que el programa MBMB plantea el hecho de que no podemos crecer psicológicamente y llegar a experimentar un bienestar psicológico eudaimónico si no hay equilibrio en cuatro grandes áreas de nuestra persona: la atención, las emociones, las intenciones o motivaciones y las cogniciones o formas que tenemos de interpretar la realidad. Con la práctica de MBMB aprendemos, primero, a autorregular la atención. Adquirir la habilidad de autorregular la atención es muy importante, pues la atención dirige a nuestra consciencia y selecciona aquello de lo que somos conscientes, y aquello de lo que somos conscientes es lo que estamos viviendo en un momento dado. Aprendemos a autorregular la atención y este aprendizaje es, a su vez, la base para aprender a autorregular nuestras emociones, nuestras intenciones y nuestros pensamientos.

El propósito del libro es, en definitiva, guiar al lector, más allá del alivio del estrés, ansiedad o cualquier otro malestar psicológico, en la práctica de meditación basada en *mindfulness* a fin de que aprenda e interiorice una nueva forma de conocerse a sí mismo y de relacionarse consigo mismo, así como con otras personas y, también, con las cosas y las situaciones que le depara la vida, y que esa nueva manera de estar en el mundo sea una fuente de bienestar para sí y para todas las personas.

Con el deseo de que ese propósito se cumpla, dejo ya al lector para que pueda aventurarse en el libro.

1 Mindfulness

¿Qué es *mindfulness*?

Se atribuye al británico T. W. Rhys Davids el primer uso de la palabra *mindfulness* para traducir al inglés la palabra *sati*, de lengua pali (Gethin, R. (2011). Este término, *mindfulness*, se empezó a divulgar a partir de que se empleara para traducir *sati* en el libro *The Miracle of Being Awake* (1976) del monje budista zen de origen vietnamita Thich Nhat Hanh y aún se ha popularizado más debido al programa MBSR (*Mindfulness Based Stress Reduction*) de Jon Kabat-Zinn (1990). *Sati* o, más bien, *samma sati*, se venía traduciendo al español como *la recta atención* y ello ocurría bastante antes de que el anglicismo *mindfulness* se implantase en nuestra cultura hispana y empezásemos a traducir *mindfulness* como atención plena, sugiriendo con ello que se trata de una atención no dividida, una atención pura al momento presente, no contaminada conceptualmente.

Aunque puede considerarse que *mindfulness* es el movimiento, predominantemente vinculado a la psicología científica, que ha occidentalizado parte de la práctica de meditación budista, en contra de lo que comúnmente se cree, se ha difundido y se difunde, *mindfulness* no es un estilo de meditación de la misma manera que lo pueden ser la meditación vipassana en el ámbito del budismo Theravada, el za-zen en el ámbito del Zen, la meditación en deidades o mandalas del budismo Vajrayana o la meditación de la Tierra Pura, por poner algunos ejemplos de tradiciones y estilos de meditación budista. *Mindfulness* es la recta atención, la manera correcta de prestar atención y esa manera correcta de prestar atención es la que se practica en la meditación vipassana, en el za-zen, en el estilo de meditación Vajrayana o en el estilo de meditación del Dozgchen o de la Tierra Pura. Así pues, *mindfulness* no es un estilo de meditación, sino la práctica de la recta atención o *sati*, la cual está presente en toda la meditación budista y que, como veremos más adelante, es uno de los componentes del camino budista hacia la liberación del sufrimiento, el Óctuple Sendero. En realidad, deberíamos hablar de práctica de meditación basada en *mindfulness* y no de *mindfulness* como estilo de meditación.

Si nos preguntamos qué entendía Buda por *samma sati* o recta atención, podemos encontrar respuesta a ello en dos Suttas: el Anapanasati Sutta (Sutra sobre la Atención a la Respiración) y en el Satipatthana Sutta (Sutra de los Cuatro Fundamentos de la Atención). En el primero de ellos se le atribuye a Buda la siguiente enseñanza: "He aquí, monjes, que un monje que se ha ido al bosque o al pie de un árbol o a un lugar solitario, se sienta, cruza las piernas yergue el cuerpo y fija su atención en torno a la boca (en otras versiones: "poniendo la atención enfrente", es decir, con la atención alerta). Atento inspira y atento espira: Al inspirar profundamente, *sabe*: "Inspiro profundamente". Al espirar profundamente, *sabe*: "Espiro profundamente" ... (p. 131, Majjhima Nikaya, 1999). En el segundo de ellos, el Sutra de los Cuatro Fundamentos de la Atención, podemos leer: "Aquí, monjes, un monje vive contemplando el cuerpo en el cuerpo, *fervoroso, lúcido y atento, desechando la codicia y la aflicción de lo mundano*". Vive contemplando las sensaciones en las sensaciones... contemplando la mente en la mente... contemplando los objetos mentales en los objetos mentales, *fervoroso, lúcido y atento, desechando la codicia y la aflicción de lo mundano* (p. 116-117, Majjhima Nikaya, 1999). De estos textos podemos extraer que *sati*, es decir, la actividad de la recta atención, incluye: a) *Intencionalidad y motivación* (fervoroso) para practicarla. b) Estando *atentos y ecuánimes* (desechando la codicia y la aflicción de lo mundano), y c) Sabiendo (el monje sabe) en todo momento qué está ocurriendo, es decir, estando *lúcidos*.

Según algunos expertos (Román, 2002), etimológicamente, el significado primario de la palabra *sati* es recordar o no olvidar (recuerdo como presencia de *sí*). Por su parte, Wallace (2008), en un artículo titulado *A Mindful Balance: What did the Buddha Really Mean by 'Mindfulness'*, nos señala que Buddhaghosa, un prestigioso comentarista de la tradición Theravada, en su obra *El camino de la purificación*, del s. V, dice: *begins his explanation of this topic by stating that it is by means of mindfulness that we are able to recall things or events in the past, which echoes the Buddha's definition of this term. Its characteristic, Buddhaghosa writes, is "not floating", in that the mind is closely engaged with the chosen object of attention. Its property is "not losing", indicating that mindfulness enables us to maintain our attention without forgetfulness. Its manifestation is "guarding" or being "face to face with the object", implying that "the rope of mindfulness" holds the attention firmly to its chosen object, whether it is a relatively stable, single object or a continuum of interrelated events. Its basis is "strong noting", suggesting its discerning vipassana one applies mindfulness and wisdom (panna) to body, mind, feelings, and other phenomena.*

Buddhaghosa, haciéndose eco de la definición de Buda, nos dice que mediante *mindfulness* o *sati* podemos recordar las cosas o los eventos del pasado. La característica de *mindfulness*, escribe Buddhaghosa, es la *no-flotación* (no distracción), de manera que la mente está estrechamente ocupada con el objeto escogido para ser atendido. Su propiedad es la de *no perderse*, lo que indica que la atención consciente nos permite mantener nuestra atención sin olvidarse de ello. Su manifestación es la de *vigilar* o estar "cara a cara con el objeto", lo cual implica que "la cuerda de *mindfulness*" sostiene la atención firmemente *en el objeto escogido*, tanto si el mismo es relativamente estable, un objeto simple o un continuo de eventos interrelacionados. Su base consiste en *notar fuertemente* (darse cuenta claramente), sugiriendo su discernimiento vipassana (lúcido), uno aplica *mindfulness* y sabiduría a los fenómenos del cuerpo, la mente, los sentimientos, pensamientos y otros fenómenos.

Cuando estamos practicando, intentamos mantener una atención sostenida en el objeto o soporte que hayamos elegido para depositar la atención. Se trata, entonces, de mantener la atención en el soporte que hayamos seleccionado y recordar recuperar esta cuando nos hayamos distraído. Es, pues, el acto de darse cuenta de cualquier distracción en relación al soporte de la meditación y recuperar la atención al mismo. Lo que esto indica es que *sati* no consiste solo en prestar una atención pura (sin juicios, sin conceptos) al soporte que hayamos elegido, sino que es, también, una *meta-atención*, una atención que vigila si estamos atentos o no al soporte sobre el que estemos depositando la atención mientras practicamos. La práctica de *sati* desarrolla una consciencia serena y lúcida, con clara comprensión de lo que está ocurriendo y ecuanimidad o no reactividad ante ello. Así, la práctica de meditación basada en *mindfulness* contiene cuatro características fundamentales: atención sostenida, consciencia o lucidez (no conceptual), meta-atención (atención consciente que vigila la distracción) y ecuanimidad (no reactividad cognitivo-emocional).

Operativamente, podríamos decir que *mindfulness* es una forma intencional de prestar atención, que permite observar todos los fenómenos que aparecen en el campo de consciencia con una atención pura (no contaminada conceptualmente), sostenida, ecuánime (sin juicios de valor y sin reactividad) y recordando volver diligentemente a este tipo de atención y al soporte de la misma cada vez que nos distraemos. Esta forma de prestar atención genera una consciencia serena, lúcida y ecuánime (estado *mindful* de consciencia). Observamos, pues, con plena atención todos los fenómenos, tanto aquellos del llamado mundo externo como los del mundo interno, para percibirlos y vivirlos tal como son en realidad, sin distorsiones emocionales y cognitivas, y recuperamos esa clase de observación atenta cada vez que la perdemos.

Todos disponemos, en mayor o menor medida, de la capacidad de observar atenta, lúcida y ecuánimemente los fenómenos, pero esta capacidad debe ser entrenada mediante la práctica a fin de desarrollarla al máximo y adquirir la habilidad de volver a ella cuando la perdemos, pues es esta clase de observación la que nos va a permitir autorregular nuestras emociones, intenciones y cogniciones, lo cual está a la base de nuestro bienestar psicológico eudaimónico, de nuestra plenitud o felicidad. Este bienestar psicológico no depende de factores externos ni de la autogratificación (felicidad hedónica), sino del desarrollo de nuestros valores y virtudes, que nos lleva a sentirnos vivos, plenos y auténticos.

Budismo y *mindfulness*

El conjunto de prácticas de meditación basadas en *mindfulness* tienen sus raíces en la meditación budista transmitida por Siddhartha Gautama Sakyamuni, el Buda histórico, y que, con más de 2.500 años de antigüedad, ha llegado a nuestros días y a nuestra cultura occidental. Cuentan que Siddhartha, profundamente impactado y desasosegado al ver con sus propios ojos la enfermedad, la vejez y la muerte, tomó la firme determinación de descubrir la causa del sufrimiento y su remedio. Buda transmitió a sus discípulos las cuatro nobles verdades (Solé-Leris, 1995; Walpola Rahula, 1996):

1. En la vida hay sufrimiento.
2. El sufrimiento tiene un origen.
3. El sufrimiento puede cesar.
4. Hay un camino que conduce a la cesación del sufrimiento.

Dukkha, que es la palabra pali que traducimos por *sufrimiento*, tiene un significado amplio. Con *dukkha* o sufrimiento se designa en el budismo todo lo que es insatisfactorio o incómodo, incluidos, obviamente, los estados de dolor físico o mental. Vivir conlleva sufrir. Sin embargo, es interesante hacer una distinción. Estamos biológicamente preparados para padecer dolor. No así para padecer sufrimiento, pues este es la reactividad cognitivo-emocional que se desencadena ante el dolor físico o psicológico. Sufrimos, es decir, tenemos una reactividad cognitivo-emocional, porque aparece en nuestra vida algo que nos desagrada y sufrimos, asimismo, cuando perdemos algo que nos agrada. Sentimos miedo porque lo que consideramos negativo aparezca en nuestra vida y sentimos miedo por la posibilidad de perder lo que nos agrada. Ordinariamente, nunca nos vemos libres del sufrimiento en cualquiera de sus formas, pues el sufrimiento se produce cuando lo que nos ocurre no es aquello que esperábamos o deseábamos que ocurriese. Por decirlo de una manera simple, el sufrimiento es la diferencia subjetiva que se produce entre cómo queremos que sea la realidad y cómo la realidad es.

La segunda noble verdad es que el sufrimiento tiene un origen. En términos generales, el budismo entiende que la causa del sufrimiento es el deseo (avidez, anhelo, ansia). Deseamos lo que nos agrada y deseamos evitar lo que nos desagrada. Nos apegamos a lo que nos hace sentir bien e invertimos mucha energía para evitar perderlo. También, reaccionamos con hostilidad ante aquello que nos desagrada e invertimos, igualmente, mucha energía en evitar que lo que consideramos negativo esté presente en nuestras vidas. No obstante, si se profundiza más, encontramos que la causa del sufrimiento es la ignorancia: ignoramos y no aceptamos cómo la realidad es. Según el budismo, la realidad tiene tres características o marcas fundamentales: es transitoria, vacía e insatisfactoria. Sufrimos porque ignoramos que todo es transitorio. Nosotros no respondemos a la realidad tal cual es, sino que respondemos en función de nuestras interpretaciones y estas son producto de los condicionamientos que hemos adquirido a lo largo de nuestra vida. El problema es que estos condicionamientos y las interpretaciones que van a la par de ellos no se fundamentan en la comprensión de esas tres características de la realidad. Al no comprender que todo es transitorio, nos apegamos y generamos sufrimiento por intentar retener lo que no puede ser retenido, porque todo es como *escrito en el agua*. Igualmente, generamos sufrimiento cuando queremos apartar, evitar de forma permanente, aquello que no puede ser permanentemente evitado. Esta ausencia de comprensión de cómo es la realidad es una fuente de gran frustración y, por tanto, de sufrimiento.

Sufrimos, también, por no comprender que la realidad está vacía. Vacío no es la mera ausencia de sustancia o esencia en las cosas y en los seres. Si bien nada se sustenta por sí mismo y los seres y las cosas son contingentes y no tienen existencia intrínseca, estos son interdependientes y es esta interdependencia lo que permite que haya relaciones de causa efecto, de manera que todos los eventos (seres y cosas) tienen una causa, siendo efecto de otros y causa, a su vez, de otros más. Esta es la manera de ser, según el budismo, de que todo existe.

Por último, la realidad es insatisfactoria y este hecho nos causa sufrimiento. Nada de lo que constituye la realidad nos proporcionará satisfacción plena y permanente y, sin embargo, buscamos ser felices identificándonos con ciertos objetos, personas, animales o ideas, intentando conseguirlos o realizarlos y, aún más, que sean o resulten como nosotros queremos que sean. La frustración por no conseguir lo que queremos y/o porque no resulta ser como nosotros queremos es una extraordinaria fuente de malestar psicológico.

La tercera noble verdad nos dice que el sufrimiento puede cesar y que la observación atenta de uno mismo, tomando consciencia de la naturaleza de los procesos físicos y mentales (transitorios, vacíos e insatisfactorios) es una herramienta fundamental para el cese del sufrimiento. La liberación del sufrimiento consiste en vivir con clara y cabal comprensión la fugacidad de todo y ver que gozamos, sufrimos y nos agitamos literalmente por "nada" (Solé-Leris, 1986). La cuarta, por último, nos señala el camino que conduce a la liberación del sufrimiento. Este es el Óctuple Sendero y está conformado por tres componentes: ética, sabiduría y meditación. El componente de la ética está constituido por: la recta palabra (no mentir, calumniar, insultar, etc.), la recta conducta (no realizar actos que nos dañen o dañen a otros) y el recto sustentamiento (no ganarse la vida con actividades inmorales o ilícitas). El recto entendimiento (modo correcto de ver y comprender la realidad) y el recto propósito o intencionalidad (modo correcto de pensar y querer) forman el componente de la sabiduría, mientras que el recto esfuerzo (perseverancia y esfuerzo equilibrado en la práctica de la meditación), la recta concentración o recto *samadhi* (concentración mental necesaria para la serenidad y el cultivo de la atención) y la recta atención (*sati* o *mindfulness*) constituyen el componente de la meditación, que, como ya comentamos anteriormente, es la observación atenta de los fenómenos para percibirlos y vivirlos tal como son en realidad, sin distorsiones emocionales o cognitivas (Solé-Leris, 1986).

Como ya hemos mencionado, en el Satipatthana Sutta (Sermón de los Cuatro Fundamentos de la Atención) y en el Anapanasati Sutta (Sermón de la Atención a la Respiración) se describe con detalle la práctica de la recta atención (*sati* o *mindfulness*). Recordemos que, aunque *mindfulness* es un elemento importante del Óctuple Sendero, constituye solo una octava parte del mismo y una tercera parte del componente "meditación". Esto significa que, aun siendo un pilar fundamental en el camino de la liberación del sufrimiento propuesto por Buda, tanto la sabiduría como la ética son complementos necesarios de la meditación.

Mindfulness y psicología

Mindfulness, parte relevante del Óctuple Sendero, es una práctica soteriológica; es decir, una práctica para la salvación o la liberación. Sin embargo, cuando la miramos con los ojos de un psicólogo científico, *mindfulness* adquiere un perfil distinto. Desde un punto de vista psicológico, *mindfulness* goza de las características que se atribuyen a las funciones ejecutivas (Gilbert y Burgess, 2008), ya que se trata de una habilidad que permite generar, supervisar, regular, ejecutar y reajustar conductas y procesos psicológicos, como la atención, las emociones, las motivaciones y las cogniciones, para alcanzar, en este caso, una meta compleja: la liberación del sufrimiento o bienestar psicológico eudaimónico.

De alguna manera, una consecuencia de la práctica de la recta atención no es otra que reducir o eliminar la distracción y los automatismos con los cuales funcionamos en la vida diaria, automatismos que tienen lugar a nivel de nuestras cogniciones, motivaciones, emociones y conductas. Se podría decir que la práctica de *mindfulness* nos conduce a que nuestra vida se desarrolle a modo de una función ejecutiva continuada en el tiempo y aplicada a todas las situaciones vitales, en orden a facilitar una adaptación óptima, tanto a las circunstancias externas (ambientes físico y social) como internas (sensaciones corporales, emociones, motivaciones, pensamientos y conductas). A modo de ejemplo, Sogyal Rimpoché (1994; pp. 207-208) relata una historieta acerca de un yogui *dozgchen* que, teniendo una alta apreciación de su talento y erudición, siente celos de otro monje del cual sabía que apenas había realizado estudios. El monje erudito un día fue a visitarle y, desdeñosamente, le espetó:

—"Vosotros los *dzogchen*, ¿nunca hacéis otra cosa que no sea meditar?
La respuesta del yogui le cogió por sorpresa.
—¿Sobre qué se podría meditar?
—O sea que ni siquiera meditáis, gritó el monje triunfante.
—Pero, ¿cuándo estoy alguna vez distraído? –dijo el yogui.

La atención

El proceso psicológico básico de la atención es el fundamento de *mindfulness*. Atención y consciencia, siendo procesos psicológicos distintos, van de la mano. Se han dado muchas definiciones de lo que es la atención y, desde nuestro punto de vista, la atención es el proceso psicológico básico que orienta y focaliza la consciencia a fin de que podamos tener conocimiento (darnos cuenta) de cualquier fenómeno, bien sea proveniente del mundo externo o interno.

Los sentidos exteroceptivos (vista, oído, olfato, gusto y tacto) nos permiten adquirir información de esa parte de la realidad que llamamos "mundo externo". Respecto al "mundo interno", tenemos acceso a él mediante la interocepción (que nos provee información del interior del cuerpo, es decir, del estado de sus órganos), la propiocepción (que no aporta la información acerca de la posición de los músculos) y el sistema auditivo, que nos permite "sentir" los pensamientos gracias a lo que se conoce como descarga corolaria. La descarga corolaria es una función mediante la cual una copia de una señal neuronal que se origina en una parte del cerebro es enviada a otras áreas del mismo. De esta manera soy consciente de que soy yo quien está haciendo algo y no otro. La función de las descargas corolarias es hacer que las distintas áreas neurales de nuestro cerebro se comuniquen entre sí, de forma que seamos conscientes de que somos nosotros quienes estamos, por ejemplo, moviendo una pierna o pensando nuestros propios pensamientos. Sin las descargas corolarias tendríamos la impresión de que es otra persona quien nos está moviendo la pierna o nos está introduciendo un pensamiento en nuestra mente (esto es lo que ocurre en la esquizofrenia). La atención hace posible que, de entre todo este "magma" de información externa e interna, arribe a la consciencia solo aquella que interesa, dirigiendo la consciencia hacia ella (función selectiva de la atención) y focalizándola en ella, de manera que podamos llegar a tener claridad acerca del fenómeno que se enfoca.

Esta función de selección de estímulos ya fue señalada por Williams James en sus *Principios de Psicología* (1989). James decía que *"Mi experiencia es aquello a lo que acepto prestar atención. Solo aquellas cosas a las que presto atención dan forma a mi mente: sin interés selectivo, la experiencia es un inmenso caos"* (p. 320) y definía la atención de la manera siguiente: *Todos sabemos lo que es la atención. Es que la mente tome posesión, en forma clara y vívida, de uno entre de los que parecen ser varios objetos simultáneamente posibles, o trenes de pensamiento. De su esencia son la circunscripción, la concentración de la consciencia. Entraña hacer a un lado ciertas cosas para ocuparse con más efectividad en otras, y es una oposición verdadera en el estado confuso, ofuscado y atolondrado que en francés recibe el nombre de* distraction *y en alemán de* Zerstreutheit (p. 321).

En el budismo, la práctica de la meditación tiene dos etapas fundamentales: la práctica de serenidad (*samatha*) y la práctica de la visión cabal o lúcida de la realidad (*vipassana*). Mientras la meditación de serenidad es imprescindible para calmar, pacificar y unificar la mente, lo que es la base para la práctica de *vipassana*, esta última es una práctica introspectiva que nos conduce al desarrollo de la sabiduría, es decir, a una comprensión directa de la naturaleza de los fenómenos que componen lo que llamamos "la realidad". Aunque lo más frecuente es que lo que se enseña en occidente como *mindfulness* no pasa de ser una práctica de meditación de serenidad, el objetivo último de la práctica es el desarrollo de una consciencia serena, lúcida y ecuánime (estado *mindful* de consciencia) que nos permita una comprensión cabal de la realidad (*vipassana*). Una práctica de meditación basada en *mindfulness* que, acompañada de la ética, no conduce a la sabiduría, es decir, a la comprensión cabal de la realidad no es, en verdad, una práctica de meditación basada en *mindfulness*.

Pero, ¿cómo funciona la atención? Si nos fijamos un poco, podemos darnos cuenta de que la atención se caracteriza por desplegarse en tres fases: en primer lugar, se orienta hacia el estímulo que se va a atender; en segundo lugar, engancha el objeto y, entonces, podemos tener consciencia de él y, en tercer lugar, desengancha el objeto a fin de que pueda quedar libre para orientarse a otro estímulo. Estas tres fases de la atención tienen lugar mientras estamos realizando práctica de *mindfulness*. La meditación de serenidad se basa en el uso de la atención como concentración y, por tanto, en este tipo de meditación la fase de la atención que rige la práctica es el enganche, ya que el meditador focaliza la atención en el objeto elegido como soporte, procurando no desengancharse de él y excluyendo cualquier otro estímulo. Sin embargo, la fase de desenganche está, también, operando, pues desenganchamos la atención de cualquier objeto que nos distraiga para volver a ponerla en el soporte de la práctica. En esta etapa, el practicante puede llegar a experimentar algún estado alterado de consciencia que podría confundir con la iluminación, lo que puede constituir un estorbo para el desarrollo de su práctica. En realidad, solo necesitamos desarrollar un estado de serenidad basado en la concentración de acceso, una concentración estable y sostenida en el objeto de la atención sin llegar a absorberse en él, ya que todos los sentidos están abiertos y receptivos a la realidad, lo que evita cualquier absorción (disociación).

Una vez que hemos cultivado la serenidad, la cual se basa en la práctica de la concentración en un objeto de meditación, la práctica se orienta hacia el desarrollo de una *consciencia sin elección*. En ella, el proceso de la atención que predomina es el de desenganche. La dinámica de este proceso es la siguiente: la atención se orienta hacia un estímulo que aparece en el campo de consciencia, lo engancha, prestándole una atención desnuda, lúcida y ecuánime, y, después, lo desengancha, de forma que la atención queda libre para atender otro estímulo. El meditador no se identifica con ninguno de los contenidos que aparezcan en su consciencia, sean estos del pasado del presente o del futuro, agradables, desagradables o neutros, pero es consciente de todos ellos y lo es de forma lúcida y desapegada.

Aprendizaje y reestructuración cognitivo-emocional

La práctica de meditación basada en *mindfulness* constituye un proceso de aprendizaje durante el cual, primero, se aprende la técnica y, después, se desarrolla una cierta maestría en su aplicación hasta que constituye un hábito. Lo que aprendemos es a vivir bajo el paraguas de esa función ejecutiva que llamamos *mindfulness*. Este aprendizaje es la base de una reestructuración cognitivo-emotivo-motivacional que provee una comprensión de la realidad tal cual es y que constituye el objetivo último de toda la práctica. A medida que vamos aprendiendo la técnica y desarrollamos destreza en ella, se va produciendo la extinción de patrones o hábitos cognitivo-emotivo-motivacionales y de conducta que nos son disfuncionales y nos generan sufrimiento y, a la par, se va aprendiendo una nueva forma de relacionarse con los fenómenos externos e internos que acontecen en nuestra vida.

Williams James, en su *Compendio de Psicología* (1947), plantea que "no existe atención voluntaria sostenida por más de unos cuantos segundos cada vez" (p. 288). La práctica, justo, nos entrena en la habilidad de sostener la atención en el tiempo sobre un mismo objeto. A medida que vamos practicando meditación basada en *mindfulness*, adquirimos una mayor capacidad de sostener la atención, reduciendo la tendencia a la distracción y a la atención dividida. Esto nos permite estar más presentes en nuestra vida y, probablemente, nos facilite ese sentimiento de bienestar eudaimónico (autónomo de las circunstancias externas e internas) que frecuentemente experimentan los meditadores.

Mediante la práctica de la serenidad nos vamos calmando y proveemos la extinción de patrones aprendidos de agitación mental, especialmente ese darle y darle vueltas a un discurso mental que conocemos como "rumiación". Además, cuando aplicamos una visión lúcida a los pensamientos, podemos claramente ver en qué consisten, lo que termina de ayudarnos a cambiar la manera en que nos relacionamos con ellos. La habilidad de pensar es muy importante en términos adaptativos, pero la manera ordinaria de relacionarnos con los pensamientos no es otra que identificarnos con ellos. Nos quedamos enganchados a ellos (identificación, que abordaremos en el capítulo siguiente) y nos los creemos, de manera que los pensamientos nos gobiernan indiscriminadamente e, incluso, pueden llegar a esclavizarnos. Todo ello es, sin duda, desadaptativo. La práctica cambia esta relación con los pensamientos, colocándolos en el puesto adaptativo que merecen como componentes de la función de pensar.

La práctica de meditación basada en *mindfulness* nos ayuda poderosamente, también, a extinguir el hábito de evitación experiencial (evitación de sufrir cualquier experiencia o sensación que nos resulte desagradable), el cual subyace a gran parte de nuestros problemas psicológicos. El evitar lo desagradable constituye una recompensa positiva que refuerza las conductas que realizamos para evitar, siendo de esta manera que perpetuamos los estados emocionales asociados a lo que nos desagrada. La práctica nos ayuda a estar de forma serena, ecuánime y lúcida con todo lo desagradable que nos pueda suceder. Al no evitar las sensaciones desagradables, rompemos el bucle de refuerzo positivo que produce la evitación y podemos afrontar con serenidad, ecuanimidad y lucidez lo que nos sucede. De igual manera, la práctica nos ayuda en relación con el deseo de lo agradable, el cual, como sabemos, puede llegar a ser disfuncional hasta el grado de una adicción. Es así que los condicionamientos que hemos generado en torno a lo que hemos ido viviendo van perdiendo fuerza y, eventualmente, se extinguen.

La práctica también contribuye significativamente a inhibir la tendencia a generalizar. La generalización, como veremos, está en la base de muchas de nuestras dificultades psicológicas, ya que actuamos siguiendo lo que un aprendizaje del pasado nos dicta sin pararnos a observar la nueva situación que tenemos en un momento dado. La generalización nos impide vivir los matices de la nueva situación, ver las diferencias con otras ya conocidas y actuar de una forma inteligente ante lo que realmente estamos viviendo en el presente. Mediante la práctica vamos adquiriendo una "mente de principiante" (Suzuki, S., 1994) que nos permite enfocar cada situación como si fuese nueva, comprendiéndola y buscando la adaptación más inteligente a la misma.

Igualmente, la práctica es de gran ayuda a la hora de regular nuestro comportamiento. La serenidad es el fundamento de la ecuanimidad y, esta, a su vez, es una plataforma necesaria para poder desarrollar una actitud bondadosa y compasiva respecto a nosotros mismos y a los demás. Con la práctica de meditación basada en *mindfulness* podemos ver con claridad que todos nuestros actos se basan en una intención o motivación y que tienen consecuencias, algunas de las cuales son generadoras de sufrimiento en nosotros mismos y en otras personas. Esta clara visión de la relación entre intenciones, conducta y consecuencias es el pilar para desarrollar un sentido ético fundamental, basado en una actitud bondadosa que nos guíe para desplegar conductas beneficiosas para uno mismo y para las otras personas.

Todo este complejo proceso desemboca en una reestructuración cognitivo-emotivo-motivacional y, por tanto, conductual. La recta atención sobre nuestros pensamientos y puntos de vista, así como la correcta comprensión de los mismos facilita la extinción de nuestros patrones cognitivos desadaptativos y ello deja espacio para poder comprender la realidad tal cual es. Igualmente, la recta atención y la recta comprensión de nuestra experiencia emocional a nivel cognitivo y corporal facilitan la extinción de nuestros patrones emocionales, que suelen estar controlados por el deseo, el odio y la ignorancia. Ayudados de la recta atención, vamos desactivando automatismos, dejando, así, espacio para instalar patrones emocionales más saludables. La recta intención o motivación, junto con la atención y comprensión correctas, nos facilitan aprender y desarrollar patrones de conducta no egocéntricos y psico-socialmente más saludables.

El "milagro" de la práctica de meditación basada en *mindfulness* es tal que, si nuestra práctica es comprometida y perseverante en el tiempo, aprendemos a autorregular nuestra atención y vamos poco a poco abandonando el estado de "consciencia ordinaria" en el que hemos vivido. En este estado ordinario de consciencia nuestra vida está impregnada de automatismos e interpretaciones (con frecuencia, puras fantasías) que se relacionan con un pasado y un futuro que no existen o con un presente distorsionado, y que giran en torno a la supervivencia de la imagen que me he forjado de mí mismo o que creo que otros se han forjado acerca de mí o en torno a aquella que me he forjado de cómo deben de ser los otros y las cosas. Abandonamos ese estado de "consciencia ordinaria" para vivir en un estado de consciencia *mindful*, es decir, sereno, lúcido y ecuánime, que nos permite vivir la vida allí donde está verdaderamente sucediendo, es decir, vivir con plenitud nuestra experiencia, lo que nos está sucediendo aquí, ahora y de la manera que nos está sucediendo momento a momento.

La consciencia

La atención no procesa información, sino que su función es la de hacer posible, o no, ese procesamiento. Cuando procesamos la información somos conscientes de lo que estemos procesando. Consciencia refiere, simplemente, el hecho de darse cuenta del algo, de tener conocimiento (que puede llegar a ser erudito) de algo. Cuando uno es consciente de algo, ese algo ya es experiencia consciente, es un fenómeno. Parafraseando a Kant (1985), nuestra experiencia es, necesariamente, fenoménica. En términos psicobiológicos podríamos decir que la energía externa, la cual constituye cualquier objeto en-sí (*noúmeno*), solo nos es conocida tras ser transformada (transducción nerviosa) por los receptores sensoriales a un código energético entendible por las neuronas del cerebro. Nuestro conocimiento es fenoménico, no conocemos el objeto o energía en-sí, sino que lo que conocemos es esa energía transducida neuralmente (fenómeno). Es así, entonces, que nuestro conocimiento primario de la realidad es una experiencia fenoménica subjetiva. La atención determina qué es lo que conocemos; es decir, qué es lo que va a constituir nuestra experiencia fenoménica consciente en un momento dado.

La consciencia (darse cuenta) no es un lugar o cosa, sino una función, un proceso psicológico básico que compartimos con muchas otras especies sobre el planeta. No vamos a entrar aquí en abordar los puntos de vista dualista, materialista y emergentista sobre la consciencia y sobre los que se han escrito ríos de tinta. Tampoco vamos a entrar en lo mucho escrito acerca de la psicobiología de la consciencia. Sí queremos, sin embargo, sugerir que eso que llamamos consciencia y que no es un lugar o cosa, sino un proceso, puede que tenga como soporte neuronal la sinapsis entre neuronas integrantes de las diversas redes neurales de la atención y neuronas que pertenecen a las distintas áreas cerebrales que procesan información (incluidas las de asociación) procedente de los sentidos, los cuales captan información de la realidad externa e interna. Digamos que, poniendo un ejemplo, cuando un grupo de neuronas de las redes neuronales de atención y cognición del mundo externo conectan con neuronas del córtex visual, entonces tenemos consciencia visual de un determinado objeto (el que estamos mirando) y no de otro. Somos conscientes en concreto de esa sensación visual y no de otra o, si queremos expresarlo de una manera más habitual, somos conscientes de ese objeto y no de otro. Y así con el resto de las redes neuronales de la atención y el resto de los sentidos externos e internos. Metafóricamente, es como si el foco de la atención "iluminara" aquello que vamos a sentir y gracias a su luz fuésemos conscientes de ello, lo conociéramos. La consciencia podría ser entonces una consecuencia de la actividad sináptica entre neuronas de las redes neurales de atención y neuronas que procesan información del mundo externo y de nuestro mundo interno.

La consciencia, guiada por la atención, desempeña un papel importante en la práctica de meditación basada en *mindfulness*. La práctica lleva a que podamos establecernos en un estado de consciencia, el estado *mindful*, diferente del estado ordinario, en el cual estamos identificados con los distintos fenómenos que se nos aparecen en la consciencia. En el estado *mindful*, desarrollamos una consciencia lúcida, ecuánime y serena mediante la cual vamos teniendo conocimiento desidentificado, pero lúcido, ecuánime y sereno de los fenómenos que constituyen la realidad externa e interna. En este estado de consciencia, podemos ser testigos, incluso en plena actividad (*Consciencia Testigo* de la Vedanta Advaita, Mente Original del Zen o *Rigpa* del *Dzogchen*) lúcidos, serenos y ecuánimes del acontecer de la vida. Este estado *mindful* de consciencia es, también, la base del estado de presencia y de la consciencia no-dual.

El cerebro *mindful*

Durante la práctica de meditación basada en *mindfulness* entran en juego tres componentes fundamentales. De un lado, la atención, bien sea como concentración (foco cerrado) o como consciencia sin elección (foco abierto). De otro, la distracción respecto al objeto o soporte de meditación, distracción que se conoce en el argot de la meditación como "la mente de mono". Se trata de ese continuo divagar mental, discursivo e interpretativo, que arrastra nuestra atención saltando, como un mono salta de rama en rama, de un evento del pasado, del presente o del futuro a otro, sin descanso y sin solución de continuidad, y que no nos abandona, ni siquiera a veces mientras realizamos tareas que requieren de toda nuestra destreza y atención. Por último, la intencionalidad, ya que prestamos atención al soporte que hayamos escogido y lo hacemos de una manera voluntaria y siguiendo unas instrucciones, teniendo como meta no distraernos, aprendiendo a regular nuestra atención.

Todos nuestros procesos mentales tienen un soporte neuronal y el proceso psicológico básico de la atención, que es el fundamento de la práctica de *mindfulness*, está soportado por redes neurales de nuestro cerebro. Una red neuronal es un conjunto de neuronas que están conectadas entre sí y que, aunque puedan pertenecer a estructuras cerebrales diferentes y no próximas, trabajan en conjunto. Cuando la conexión entre estas neuronas se repite en el tiempo, debido a que operan juntas para soportar una determinada función, la conectividad entre ellas se refuerza y facilita, de manera que tenderán a trabajar en conjunto en el futuro. Esto es lo que constituye el fundamento neuronal del aprendizaje y que conocemos como ley de Hebb (Hebb, 1985).

Vamos aquí a tratar la psicobiología de *mindfulness* abordando solo aspectos esenciales de la neurobiología de la atención, como son la red neural por defecto y la red neural *mindful*. El lector puede profundizar acerca de las redes neurales de la atención en: Ricard et al, 2015; Segovia, 2007, 2013; Simón, 2007; Zeidan, 2015).

La red neural por defecto

Cuando estamos descansando y nuestra atención no está focalizada en la realización de una tarea, nuestras mentes divagan y nos enredamos en pensamientos e imágenes que emergen espontáneamente y que tratan acerca del pasado, del presente y del futuro. Este es el flujo cognitivo espontáneo, al que W. James se refirió como la corriente de la consciencia y que en el argot de la meditación se llama *"mente de mono"* (*"la loca de la casa"*, que diría Santa Teresa) y que es el responsable de que la energía que gasta nuestro cerebro cuando estamos focalizados haciendo una tarea sea solo, aproximadamente, un 5% más que cuando estamos supuestamente en reposo. Entre el 60% y el 80% de la actividad global del cerebro se invierte en circuitos neurales que no tienen nada que ver con el control del mundo externo (Raichle, 2010). Esto significa que la mayor parte del gasto energético del cerebro está relacionada con sus propios procesos internos y con otros procesos orgánicos internos, presentando, por tanto, una intensa actividad basal durante el reposo.

La red neural que soporta esta intensa actividad neuronal cuando estamos en reposo se denomina "red neural por defecto" (Raichle et al., 2001). Se trata de una red neural compuesta por una serie de estructuras relacionadas entre sí y que se activan cuando nuestras mentes divagan y disminuyen su actividad cuando estamos focalizados en tareas perceptivas o motoras. Esta red está compuesta por un importante número de regiones cerebrales (Fig. 1): el córtex prefrontal medial ventral, el córtex prefrontal dorsal medial, el córtex cingulado posterior/retroesplenio, el lóbulo parietal inferior, el córtex temporal lateral, la formación hipocámpica y las áreas motoras del lenguaje (el área motora suplementaria y el área de Broca) (Mason et al., 2007; Buckner et al., 2008; Raichle, 2010). Estas distintas áreas cerebrales están implicadas en diferentes funciones. Así, el córtex prefrontal medial y el córtex cingulado

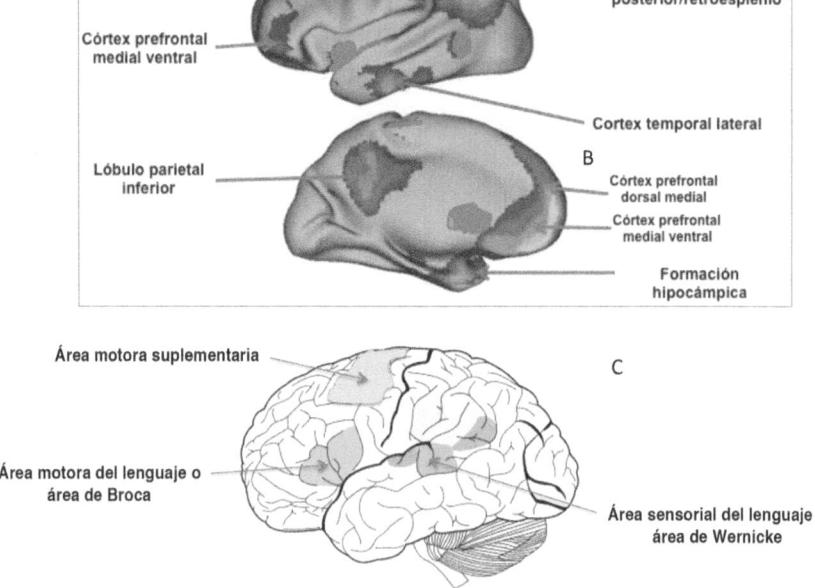

Fig. 1. La red neural por defecto (modificado de Buckner et al., 2008). A: cara medial del hemisferio derecho; B: cara lateral del hemisferio izquierdo; C: Áreas motoras y sensorial del lenguaje.

posterior/retroesplenio están activos cuando hay pensamientos independientes de estímulos, mientras que el córtex cingulado posterior/retroesplenio y el lóbulo parietal inferior posterior se activan cuando estamos como abstraídos y, también, cuando imaginamos acerca del pensamiento de otros. Además, cuando estamos sumidos en una actividad de autoestimulación mental como, por ejemplo, recordando el pasado o visionando el futuro, están activas regiones como el córtex prefrontal medial ventral, córtex prefrontal dorsal medial, córtex cingulado posterior/retroesplenio, formación hipocámpica y áreas del lóbulo temporal. Estas regiones, que se activan cuando estamos imbuidos en una actividad de autoestimulación mental, conforman una sub-red dentro de la red neural por defecto, la cual se denomina "sub-red hipocámpica-cortical" (Fig. 2). Podemos pensar, que esta sub-red hipocámpica-cortical es el fundamento cerebral de la *"mente de mono"*.

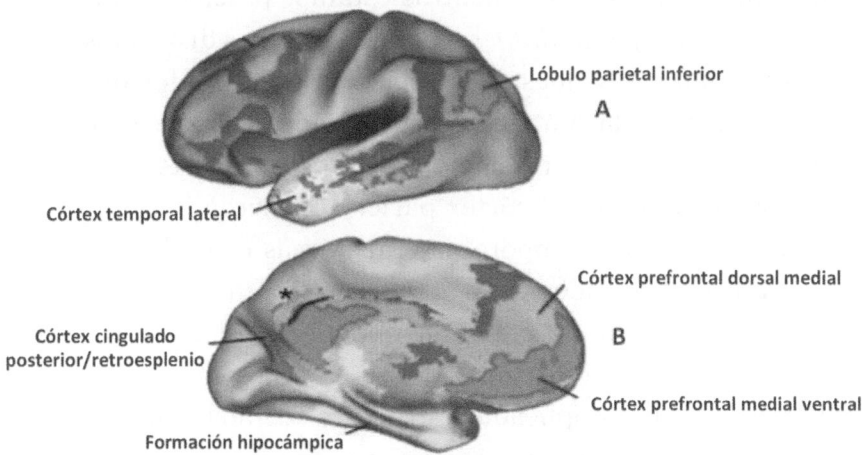

Fig. 2. La sub-red hipocámpico cortical (modificado de Buckner et al., 2008). A: cara medial del hemisferio derecho; B: cara lateral del hemisferio izquierdo.

La red neural mindful

Es justo ese divagar mental que nos consume tanta energía y del que es responsable la red neural por defecto lo que la práctica de meditación basada en *mindfulness* pretende regular. Ello supone pensar que, de igual manera que existe una red neural que da soporte físico al incesante divagar de la mente, debe de existir una red neural de atención que dé soporte físico a la meditación basada en *mindfulness*. Efectivamente, así es. La conocida como red neural fronto-parietal de control (Vincent et al., 2008), la cual está formada por el córtex prefrontal dorsolateral, el córtex cingulado anterior, el lóbulo parietal inferior y la ínsula anterior (Fig. 3), puede identificarse como la red neural *mindful* (Segovia, 2013; Ricard et al., 2015).

En su reciente revisión, Ricard et al. (2015), proponen un mapa de activación neuronal en función de las distintas circunstancias que se dan mientras estamos practicando meditación basada en *mindfulness*. Cuando estamos distraídos y ya nuestra atención y nuestra consciencia no están focalizadas en el soporte de la práctica de meditación, regiones neurales de la red neuronal por defecto, tales como la parte posterior del giro del cíngulo, el córtex parietal inferior en su porción posterior, el córtex temporal lateral y áreas mediales del córtex prefrontal se encuentran activadas (Figs. 1 y 2). Gracias a esa función de meta-atención que tiene *mindfulness* nos damos cuenta de la distracción y en este darnos cuenta de la distracción están implicadas estructuras como la ínsula anterior y el córtex cingulado anterior, que forman parte de la red neural mindful (Fig. 3). Al reorientar la atención y la consciencia al soporte de la práctica, se activan estructuras de la red neural *mindful*, tales como el lóbulo parietal inferior y el córtex prefrontal dorsolateral, siendo esta última región cerebral la que se mantiene activa cuando sostenemos nuevamente la atención sobre el soporte de la práctica (Fig. 3). Es importante reseñar que cuando hablamos de activación o desactivación neural estamos hablando de activación u ocio relativos pues, salvo que la neurona muera, esta va a presentar siempre actividad electroquímica.

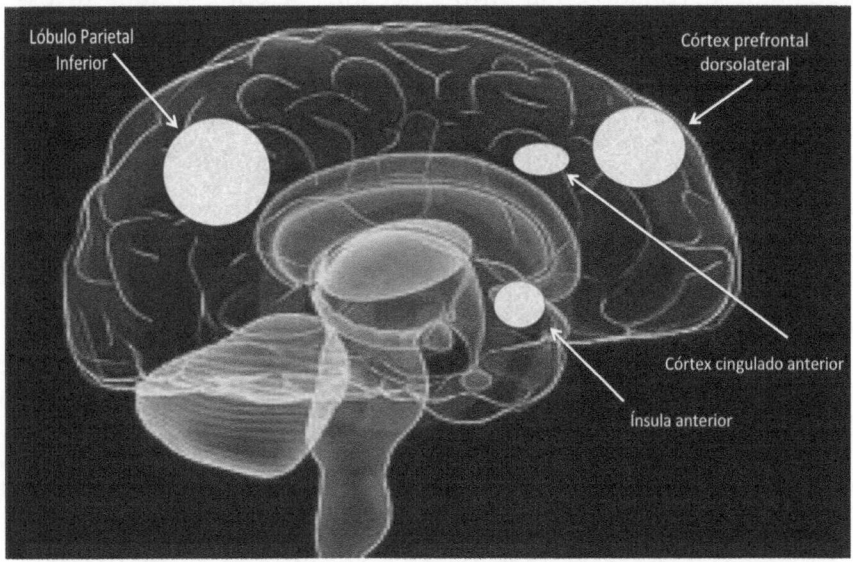

Fig. 3. La red neural mindful o red fronto-parietal de control (modificado de Segovia, 2013).

La práctica de meditación basada en mindfulness: cambios en el sistema nervioso central

Debido a la característica de no ser invasivas, las técnicas de neuroimagen han hecho posible ampliar nuestro conocimiento sobre las funciones de las distintas regiones del cerebro y qué ocurre en el cerebro de practicantes de meditación basada en *mindfulness* es uno de los ámbitos en los que más investigación se ha desarrollado en la última década. De entre toda la investigación realizada, vamos a comentar aquí solo algunas de ellas, las cuales consideramos relevantes, relacionadas con la plasticidad neuronal, con la desactivación de la red neuronal por defecto y la emocionalidad y con la neuroquímica del bienestar psicológico.

Respecto a la plasticidad neural, los investigadores esperaban que la meditación basada en *mindfulness* pudiera ocasionar cambios permanentes en la estructura del cerebro en personas que llevaban muchos años practicando. En este sentido Lazar et al. (2005) encontraron en meditadores *vipassana* experimentados, un incremento del volumen en la ínsula anterior del hemisferio derecho y en áreas prefrontales de Brodman: 9 (área dorsolateral, relacionada con la atención o memoria de trabajo) y 10 (área frontopolar, relacionada con la planificación (mantener en mente una meta mientras se ejecuta una sub-meta). También, en un estudio realizado con meditadores zen experimentados, se observó que la meditación prevenía la pérdida de volumen que se da en la sustancia gris cerebral (fue más prominente en una estructura relacionada con la atención que conocemos como *putamen*) con la edad y que la consecuencia de deficiencias en la atención ocasionadas por esta disminución del volumen de la sustancia gris no tienen lugar en esos meditadores (Pagnoni y Cekic, 2007).

En cuanto a la desactivación de la red neural por defecto, un estudio en el que emplearon diversos estilos de meditación basados en *mindfulness* (serenidad, amor-compasión, consciencia sin elección) puso de manifiesto que la meditación basada en *mindfulness* desactiva la red neural por defecto en meditadores experimentados en contraste con meditadores noveles (Brewer et al, 2011). A su vez, Taylor et al. (2011) pusieron de manifiesto que meditadores experimentados presentan una desactivación de la red neural por defecto (corteza prefrontal medial y cingulada posterior) sin inducirse respuesta en regiones implicadas en la reactividad emocional durante procesamiento emocional de estímulos aversivos.

En relación con el sentimiento de bienestar psicológico y la plasticidad neural, Singleton et al. (2014), tras un entrenamiento en MBSR, observaron un incremento en la concentración de sustancia gris en núcleos troncoencefálicos, como el *locus coeruleus*, el núcleo del trigémino y el rafe, y mesencefálicos, como el área tegmental (Fig. 4), incremento que correlacionaba positivamente con un aumento del sentimiento de bienestar. Por un lado, es interesante resaltar que el área tegmental ventral es una importante área dopaminérgica del cerebro y que la dopamina es el neurotransmisor operativo en las redes neurales de recompensa o refuerzo positivo, y que la práctica de meditación basada en *mindfulness* involucra la activación de la atención sostenida y de la memoria de trabajo (almacenamiento y manipulación de la información a corto plazo), activación de funciones que tiene como consecuencia la liberación de dopamina en áreas frontales y temporales del cerebro (Aalto et al., 2005). Por otro lado, el *locus coeruleus* y los núcleos del rafe son las principales fuentes cerebrales de norepinefrina y de serotonina, respectivamente, neurotransmisores que están involucrados en la regulación de los estados de ánimo. Podemos concluir que esos cambios plásticos en la estructura de ciertas áreas cerebrales se acompañan de cambios neuroquímicos que probablemente son el fundamento de los sentimientos de bienestar estable y eudaimónico que experimentan los meditadores.

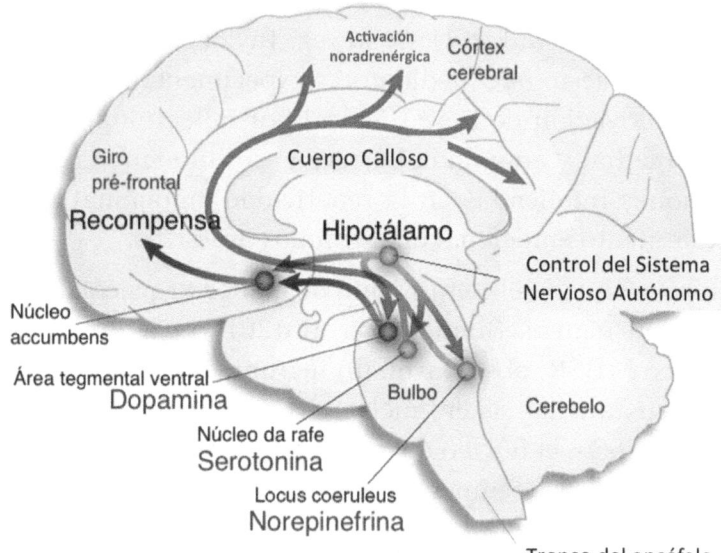

Fig. 4. Núcleos del tronco del encéfalo que experimentan cambios en la sustancia gris tras un entrenamiento en mindfulness.

2 Sufrimiento y mindfulness

El budismo nos habla del sufrimiento, de su liberación y de sus causas (el deseo y, en última instancia, la ignorancia), pero no nos habla acerca de los procesos psicológicos que subyacen. Desde un punto de vista científico, todos nuestros procesos psicológicos, la mayoría de los cuales compartimos con otras especies, son consecuencia de la evolución y han sido seleccionados en el curso de la misma, facilitando la adaptación al medio y la supervivencia de los individuos y de la especie. Procesos psicológicos como la sensación, la percepción, el aprendizaje, la memoria, la emoción, la motivación, el pensamiento y el lenguaje o la inteligencia son valiosos por cuanto son recursos que soportan nuestra adaptación al ambiente físico y psico-social. Teniendo esto en mente, la pregunta no es otra que: ¿cómo es que procesos psicobiológicos estrechamente vinculados a la adaptación y a la supervivencia del individuo y de la especie, es decir, al bien preciado de la vida y de su continuidad, pueden llegar a convertirse en factores generadores de sufrimiento y, por tanto, generadores de una adaptación disfuncional? En el fondo, la pregunta es doble: 1) ¿Cómo es que procesos claramente adaptativos y favorables para la continuidad biológica llegan a convertirse en procesos tan disfuncionales y desadaptativos que son capaces de obstaculizar nuestra calidad de vida psicológica? 2) ¿Cuáles son los procesos psicológicos principales mediante los cuales nos generamos sufrimiento y se lo generamos a los demás?

Una respuesta fundamental a esas preguntas la encontramos en nuestra capacidad de aprender, es decir, en nuestra capacidad de asociar estímulos con estímulos y estímulos con respuestas. Esta capacidad de asociación es, a la par que maravillosa, nuestro talón de Aquiles, pues somos capaces de asociar cualquier estímulo o respuesta con cualquier estímulo, siempre que sean contingentes en el tiempo y el espacio. Así, por ejemplo, cuando un estímulo (refuerzo) es contingente en el tiempo y el espacio con una conducta, ese estímulo cambia la probabilidad de que se emita esa conducta en el futuro (esto que conocemos como condicionamiento instrumental u operante). También, cuando un estímulo cualquiera (estímulo condicionado) se asocia a otro estímulo (estímulo incondicionado), que de forma natural desencadena una determinada respuesta (respuesta incondicionada), el estímulo condicionado adquiere la propiedad de desencadenar esa respuesta incondicionada sin que el estímulo incondicionado esté presente (esto es lo que conocemos como condicionamiento clásico o pavloviano). Aprendemos, también, por imitación (aprendizaje social o aprendizaje vicario), sobre todo cuando somos pequeños, recibiendo a través de este tipo de aprendizaje una especie de "herencia psicológica". Además, somos capaces de generalizar los condicionamientos realizados a otros estímulos cuyo parecido con los originales puede llegar a ser cada vez menor y, también, de generar condicionamientos de orden superior, los cuales tienen lugar cuando un nuevo estímulo se asocia a un aprendizaje ya realizado, de manera que este nuevo estímulo llega a desencadenar la misma respuesta, tanto a nivel mental como conductual, que el estímulo primeramente asociado.

Por el contrario, la discriminación nos ayuda a que no se produzca esa generalización del aprendizaje, la cual puede llegar a ser una causa psicológica principal de sufrimiento. La ausencia de discriminación en el aprendizaje es un factor causante del sufrimiento, mientras que su presencia nos ayuda a evitarlo. Supongamos que Vd. haya tenido una mala experiencia profesional con un abogado y eso hace que, por la generalización del aprendizaje de esa mala experiencia, tenga una pésima opinión de los abogados y su relación profesional con cualquiera de ellos le cause serio disgusto y sufra malestar psicológico. Es la generalización de ese aprendizaje lo que subyace al hecho de que llegue a sufrir, en forma de aversión y malestar, cuando en el futuro se relacione con algún otro abogado. Sin embargo, ese sufrimiento no tendría lugar si discriminara y se diera claramente cuenta de que la mala experiencia lo fue con un abogado concreto y que el resto de los abogados no han de ser, necesariamente, como aquel y que, por tanto, no ha de tener, necesariamente, una mala experiencia y sufrir en el futuro con cualquier otro abogado.

Dolor y sufrimiento

Todos aspiramos a experimentar un sentimiento de bienestar psicológico duradero, un sentimiento de bienestar psicológico que sea estable y que no dependa de las cambiantes circunstancias que en cada momento estemos viviendo (bienestar eudaimónico). A decir verdad, ya disponemos de ese estado de bienestar, pero nos ocurre que hemos ido aprendiendo a vivir alejados de él. Hemos aprendido a vivir con sufrimiento. El hecho es que estamos biológicamente preparados para sentir dolor, ya que en nuestro cuerpo existen células receptoras capaces de iniciar la experiencia que llamamos dolor, las cuales se activan cuando experimentamos una lesión o daño.

El dolor es un fenómeno psicobiológico que nos alerta de que estamos padeciendo un daño o lesión, sea físico o psicológico y, en este sentido, tiene un valor adaptativo. Tal como estamos biológicamente construidos, lo estamos para sentir dolor físico o psicológico en algún momento de nuestra vida.

El sufrimiento, sin embargo, no está biológicamente programado. El sufrimiento, que es descontento, insatisfacción o desasosiego, tiene que ver con la forma en que interpretamos los sucesos que nos inducen dolor físico o psicológico y con cómo interpretamos ese dolor. Digamos que es lo que de nuestra propia cosecha psicológica añadimos al dolor. El sufrimiento actúa como un amplificador de la señal de dolor, haciendo que el dolor sea más doloroso, pero este amplificador no ha caído del cielo. Este amplificador es, en realidad, un patrón de aprendizaje y, como tal, puede ser extinguido. Las formas en que sufrimos son formas aprendidas y podemos dejar de sufrir extinguiendo esas formas y aprendiendo otras nuevas, más sanas y adaptativas, para relacionarnos con el dolor físico o psicológico.

Hacia mediados del siglo XX, se empezó a expandir en Occidente la meditación como método para la liberación del sufrimiento, principalmente de la mano del yoga y del budismo, primero del Zen y, algo más tarde, del budismo Theravada y del budismo tibetano. Esta expansión de la metodología de meditación budista se debe, en buena medida, a la pérdida y desconocimiento de metodologías occidentales equivalentes y al hecho de que las prácticas budistas no demandan necesariamente la creencia en Dios alguno, aspecto que encaja en nuestras sociedades, donde los puntos de vista laicos, agnósticos e, incluso, ateos son frecuentes. El que el budismo esté esencialmente despojado de creencias religiosas teístas ha facilitado que sea aceptado en nuestras sociedades para dar cauce a las inquietudes espirituales laicas y no teístas de muchas personas. Por otro lado, desde un prisma psicológico, el budismo nos habla de la causa del sufrimiento y de su extinción, exponiendo una metodología bien definida para liberación del mismo y es por ello que, para los psicólogos, es un buen referente a la hora de hacernos preguntas respecto al sufrimiento y los procesos psicológicos que subyacen en él.

Bien pudiéramos decir que Siddhartha Gautama, el Buda histórico, fue el primer psicólogo del que tenemos noticia y que su vida estuvo dedicada a encontrar una manera diferente y más adaptativa (una alternativa al sufrimiento) de relacionarnos con el dolor que la vida conlleva. Él expresó claramente lo que se conoce como las *Cuatro Nobles Verdades* y que ya hemos comentado: (1) Que en la vida hay sufrimiento. (2) Que el sufrimiento tiene una causa. (3) Que el sufrimiento puede extinguirse. (4) Que existe una manera de liberarse del sufrimiento.

Que en la vida hay dolor y sufrimiento es algo evidente, es algo biológica e históricamente vinculado a la forma de ser humana que no necesita de demostración alguna. Decir que existe una causa del sufrimiento (el deseo y, en última instancia la ignorancia) ya pone de manifiesto que puede haber un remedio al mismo, y el remedio que Gautama propuso es lo que conocemos como el Óctuple Sendero.

A primera vista, pareciera que el Óctuple Sendero es un recetario de recomendaciones morales, pero, en realidad, constituye un manual de aprendizaje. La propuesta del Óctuple Sendero viene a ser algo así como "si Vd. aprende a vivir de otra manera, es decir, a relacionarse de una manera distinta con lo que le sucede, entonces podrá llegar a verse libre del sufrimiento". El Óctuple Sendero nos dice que podemos aprender a pensar y comprender adecuadamente lo que nos sucede y que esto ayuda a liberarnos del sufrimiento. El Óctuple Sendero nos habla, también, de que nuestros actos tienen consecuencias y que, si queremos liberarnos del sufrimiento no podemos comportarnos de maneras cuyas consecuencias nos hacen sufrir, es decir, que hemos de cuidar nuestras intenciones o motivaciones y nuestra conducta. Asimismo, nos habla de que, para ayudarnos en todo ello, tenemos un recurso que podemos aprender: la meditación. Este recurso requiere aprender a regular nuestra atención (*sati*) y a tener una mente unificada (*samadhi*), realizando un esfuerzo (todo aprendizaje implica un cierto esfuerzo) equilibrado.

Si con un esfuerzo equilibrado practicamos meditación, aprenderemos a desarrollar un control ejecutivo de nuestra atención y, con ello, podremos aprender a sostener una mente unificada y penetrante que nos permitirá, a su vez, aprender a pensar correctamente, es decir, a interpretar adecuadamente la realidad en función de cómo es. Esta interpretación correcta de la realidad nos facilitará generar una intencionalidad saludable, la cual será la base de un comportamiento adaptativo cuyas consecuencias no acarreen sufrimiento. En definitiva: la forma en que actualmente interaccionamos con el mundo (externo e interno), la cual nos causa sufrimiento, es algo aprendido y, puesto que podemos aprender, podemos aprender una nueva manera de interaccionar con el mundo interno y externo que sea más adaptativa, carente de sufrimiento. Esta podría ser, en breves palabras, una versión de las nobles verdades y del Óctuple Sendero a la luz de la psicología científica.

Ignorancia, yo, deseo, identificación, apego y emociones son procesos que, tanto en la literatura budista como en la de espiritualidad en general, se consideran causas del sufrimiento. Sufrimos porque somos ignorantes de cómo es verdaderamente la realidad y, a causa de esa ignorancia, deseamos y nos identificamos y apegamos a cosas o personas creyendo que satisfarán ese deseo. También, a causa de esa ignorancia creemos que tenemos un Yo, nos experimentamos como seres separados y padecemos la reactividad emocional. Este es el mensaje general que podemos encontrar en los libros budistas y en los de espiritualidad. Pero, en términos psicológicos, ¿cómo hacemos para sufrir? ¿Qué son la ignorancia, el yo, el deseo, el apego, la identificación y las emociones?

¿Cómo hacemos para sufrir? Psicología del sufrimiento

Generalización, discriminación y condicionamientos de orden superior

El hecho de que sea posible experimentar sufrimiento tiene que ver con nuestros procesos básicos de respuesta ante los estímulos, tanto del ambiente externo como interno. Nos referimos a los procesos de atracción/aproximación y aversión/escape/evitación, los cuales están biológicamente programados al servicio de la supervivencia. La pregunta es cómo estos procesos de carácter adaptativo al servicio de la supervivencia pueden llegar a convertirse en fuente de sufrimiento y ser fundamento de conductas no adaptativas que pueden llegar a dificultar la supervivencia y que, sin duda, menoscaban nuestra calidad de vida psicológica. Como ya hemos comentado, encontramos respuesta a esta pregunta en nuestra propia capacidad para realizar condicionamientos o aprendizajes.

El aprendizaje o condicionamiento, que es la capacidad de asociar estímulos con estímulos y estímulos con respuestas, posee características tales como la generalización, la discriminación y la contingencia. El aprendizaje es posible gracias a la plasticidad de las neuronas de nuestro cerebro, es decir, por la capacidad que tienen nuestras neuronas de experimentar cambios funcionales y estructurales y de realizar nuevas conexiones o asociaciones entre ellas. De hecho, como ya hemos comentado, grupos de neuronas que funcionan a la par cuando estamos dando respuesta a algo que está sucediendo, tienden a funcionar juntas en el futuro ante la misma clase de suceso (ley de Hebb), formando asambleas neuronales (hoy hablamos de "redes neurales") que son soporte de nuestras conductas aprendidas. Pero la cuestión es que esta capacidad adaptativa de aprendizaje puede transformarse en factor de sufrimiento, pues somos capaces, por generalización, contingencia o condicionamiento de orden superior, de asociar cualquier estímulo con cualquier otro estímulo o respuesta, dando como resultado comportamientos disfuncionales.

Generalizamos cuando damos la misma respuesta ante estímulos que, aunque se parecen en alguna característica, son distintos al que originalmente promovió esa conducta. La generalización tiene un valor adaptativo en la medida que nos ahorra energía y tiempo al no tener que estar continuamente aprendiendo de nuevo ante situaciones análogas, pero esta ventaja implica un automatismo que en muchas ocasiones puede resultarnos disfuncional y ser causa de sufrimiento. La contingencia del refuerzo es un proceso sin el cual los aprendizajes o condicionamientos instrumentales no podrían tener lugar. Sin embargo, este proceso necesario para ese tipo de aprendizajes se torna disfuncional cuando realizamos aprendizajes de tipo supersticioso, los cuales tienen lugar cuando un refuerzo positivo o negativo es casualmente contingente con una conducta, de manera que ese refuerzo aumenta o disminuye, según sea positivo o negativo, la probabilidad de ocurrencia de la misma. Por último, los llamados condicionamientos de orden superior o de segundo orden (cuando un nuevo estímulo se asocia a un estímulo previamente condicionado a una respuesta, de manera que ese nuevo estímulo adquiere la propiedad de causar esa respuesta) tienen un valor adaptativo parecido al de la generalización, pero, igualmente, pueden tornarse disfuncionales. Para protegernos de la disfuncionalidad que estos procesos pueden ocasionar, tenemos a nuestra disposición la capacidad de discriminar. El proceso de discriminación nos va a permitir corregir esa tendencia a generalizar, a hacer asociaciones supersticiosas o a realizar condicionamientos de orden superior. Discriminar inteligentemente es lo que nos puede ayudar a mejorar nuestra adaptación y facilitar nuestro bienestar psicológico. Nuestra capacidad de aprendizaje, fundamental para la supervivencia de los individuos y de la especie, tiene como sustrato la plasticidad neuronal y, a su vez, la generalización y la discriminación del aprendizaje están relacionadas con los procesos básicos de funcionamiento del sistema nervioso como son la excitación (relacionada con la generalización) y la inhibición, relacionada con la discriminación.

Aprendemos a sufrir y esto ocurre cuando los procesos básicos de supervivencia (atracción/aproximación y aversión/escape/evitación) se generalizan y los experimentamos ante estímulos que, parecidos o asociados a los que comprometen nuestra supervivencia, no la ponen, sin embargo, en juego. Sufrimos cuando generalizamos, es decir, no discriminamos adecuadamente y respondemos ante lo que no compromete nuestra supervivencia como si la comprometiese. Cuando respondemos ante una cuerda como si fuese una serpiente, se está produciendo un proceso de generalización de algo ya aprendido (las serpientes pueden ser peligrosas y hay que escapar de ellas, evitarlas o, bien, eliminarlas). Debido a generalizaciones análogas a la expuesta como ejemplo, en muchas ocasiones emitimos respuestas exageradas que ponen innecesariamente en funcionamiento nuestro sistema de alarma, con el sufrimiento psicológico y el desgaste biológico que ello conlleva. Sufrimos, también, cuando realizamos una discriminación desadaptativa y nos vemos incapaces de elegir. Cuando esto ocurre, la duda nos genera la tensión propia de un conflicto: no podemos elegir, aunque creemos que debemos hacerlo. El conflicto nos paraliza y nos causa sufrimiento.

Los procesos de generalización y discriminación están asociados a discursos mentales y, con frecuencia, estos discursos son interpretaciones de la realidad que están alejadas de la misma y que la representan de una manera distorsionada. Por ejemplo, si hemos tenido un desengaño amoroso, lo más probable es que sintamos dolor psicológico por la pérdida y que, como un intento de evitación de ese dolor en el futuro, nos digamos que no volveremos a tener ninguna relación amorosa porque "todos los hombres (o mujeres) son iguales", lo cual es una interpretación distorsionada de la realidad. Lo que en ese momento estamos haciendo es una generalización, la cual pretende evitar un posible dolor que podría ocurrir en el futuro. Generalizamos ese dolor para protegernos en un futuro que aún no existe. Sin embargo, esta generalización, que pareciera nos ahorraría dolor en el futuro, nos proporciona todo lo contrario, pues, al no discriminar, nuestro discurso mental es erróneo y nuestro comportamiento, guiado por ese discurso, será disfuncional y nos causará sufrimiento. Vemos que la tendencia a generalizar es una característica del aprendizaje que subyace al sufrimiento, a esa tensión psicológica que se produce entre lo que la realidad es y la idea de cómo creemos que es o que debería ser.

La discriminación es el remedio para el sufrimiento que nos puede ocasionar la generalización del aprendizaje. La discriminación aporta discernimiento y evita que generalicemos inadecuadamente, pero, como hemos señalado, también puede ser fuente de sufrimiento cuando no es inteligente. Puede que, por ejemplo, creamos que debemos abandonar nuestro actual empleo y acceder a uno nuevo que nos han ofrecido y, con esta idea en la cabeza, nos ponemos a analizar detenidamente los pros y los contras de cada uno de los empleos y, de repente, nos damos cuenta de que no podemos decidir con cuál quedarnos, porque hay un empate entre los pros y los contras de cada uno de ellos. La duda o conflicto que se nos genera hará que, durante días, incluso semanas, carezcamos de bienestar psicológico y despleguemos síntomas habituales del conflicto, como pueden ser insomnio, ansiedad, irritabilidad, retraimiento y rumiación. Lo que nos ocurre es que el miedo a equivocarnos nos paraliza. Nuestra discriminación se ha volcado excesivamente en el plano analítico y carece de las gotas necesarias de inteligencia emocional para poder decidir superando el miedo mediante los necesarios recursos de riesgo y responsabilidad. Por ello, si bien la discriminación es el antídoto a los problemas que nos puede causar la generalización, hemos de desarrollar la habilidad de discriminar inteligentemente, teniendo en cuenta no solo el plano racional sino, también, recursos emocionales.

Esta tendencia a generalizar y a realizar discriminaciones inadecuadas es un proceso transversal que podemos encontrar en diversos factores que pueden ser causa de sufrimiento.

La ignorancia

La tradición budista nos transmite que la ignorancia es la causa del sufrimiento. Nuestros pensamientos no son la realidad, sino interpretaciones de la misma. En la medida en que seamos ignorantes de cómo es la realidad, nuestras interpretaciones pueden estar muy alejadas de cómo esta es. Ignorar cómo es la realidad puede llevarnos a que creamos a pies juntillas interpretaciones que son erróneas y ello, dado que nuestras respuestas entonces serán desadaptativas, nos acarreará sufrimiento. La causa del sufrimiento es no vivir, debido a nuestra ignorancia, en armonía con la manera en que la realidad es.

En el budismo, como hemos ya comentado, la ignorancia consiste en el desconocimiento de las tres marcas, sellos o características de todos los fenómenos que sentimos y percibimos, tanto internos como externos. Estas marcas son: la impermanencia, el vacío y el que es insatisfactoria, generadora de sufrimiento. La impermanencia y que la realidad no termina de satisfacernos y nos causa sufrimiento parecen características obvias, pues todo está en continuo cambio sin permanecer indefinidamente en el mismo estado y, además, todos los fenómenos son insatisfactorios; es decir, son incapaces de dejarnos satisfechos de una vez por todas y tienen el potencial de hacernos sufrir. La característica de vacío requiere, sin embargo, más atención, pues es más disonante con el pensamiento occidental. Vacío se refiere a que los fenómenos que percibimos carecen de existencia inherente. Son insustanciales, ya que no poseen una esencia que les haga ser como son y, por tanto, carecen de autoexistencia. Los fenómenos no poseen existencia por sí mismos, sino que son dependientes y contingentes. Todo es interdependiente (depende de causas) y contingente (un fenómeno desaparece cuando desaparecen las causas que lo han hecho posible). Desconocer que todos los fenómenos de la realidad son así (vacíos o interdependientes y contingentes) es ignorancia. Realizar que la realidad es de esa manera, vacía, constituye la sabiduría.

En nuestra vida diaria, cuando damos respuesta a lo que nos sucede creemos que lo hacemos en función de eso que nos ha ocurrido. Sin embargo, aunque creamos responder a la realidad tal cual es, lo cierto es que nuestras respuestas están en función de las interpretaciones que hacemos acerca de lo que nos ocurre. Lo que, muy frecuentemente, para nosotros resulta ser real es esa interpretación o construcción de lo que realmente ocurre y es en virtud de ese constructo cognitivo que damos respuesta a lo que sucede. Esa interpretación acaba sustituyendo a la realidad hasta el grado de que llegamos a creer que es la realidad misma y, cuando esta interpretación está muy alejada de lo que representa (la realidad), la distorsión que se produce es de tal naturaleza que nuestras respuestas llegan a ser claramente disfuncionales. El sufrimiento es esa tensión que generamos entre cómo la realidad es y cómo creemos (interpretamos o construimos) que es o debería ser y esta tensión nos lleva a interaccionar en nuestra vida con poca eficiencia y eficacia.

El sufrimiento es la reactividad que, a causa de nuestras interpretaciones de lo que ocurre, añadimos al dolor. Causa sufrimiento la creencia de que no deberíamos tener experiencias dolorosas y todo lo que, derivado de esa creencia, pensamos y hacemos. Esa tensión entre lo que es y el deseo de que sea de otra manera es sufrimiento. La no aceptación de la realidad causa sufrimiento. La aceptación de la realidad no es ni conformismo ni resignación. Aceptación es la comprensión serena, ecuánime y lúcida de lo que sucede y no excluye la transformación de la realidad en la medida que sea posible cuando sea posible, pero sí excluye identificarnos con nuestras ideas acerca de cómo deberían ser las cosas y aferrarnos a estas interpretaciones negando la realidad. La inadecuada compresión de la realidad (la ignorancia, dirían los budistas) causa sufrimiento. Aprendemos a sufrir y lo hacemos poco a poco a lo largo de nuestro desarrollo vital a base de dejarnos guiar por interpretaciones inadecuadas de lo que vivimos. Interpretaciones que o bien hemos aprendido en casa cuando éramos pequeños (aprendizaje social o vicario), a modo de una herencia psicológica disfuncional, o bien hemos adquirido por nuestra cuenta en el transcurso de nuestra vida.

Frecuentemente, el cerebro no discrimina entre la realidad "real" (que es fenoménica y, por tanto, ya una interpretación) y la realidad virtual. Cuando estamos viendo una película en la que hay escenas de gran tristeza, podemos llegar a llorar: los módulos cerebrales que evalúan esas escenas no saben, digamos, que son ficción y desencadenan los procesos necesarios para que experimentemos, como en la vida real, tristeza y lloremos por ello. Igualmente, experimentamos sensaciones de miedo si estamos viendo una película de terror. Este mismo proceso ocurre en relación a nuestros pensamientos, los cuales son, en definitiva, interpretaciones virtuales de la realidad. Sucede que los módulos cerebrales implicados en la evaluación de los estímulos ignoran (generalizan y no discriminan) que estos son virtuales y los evalúan como reales y, en consecuencia, disparan la cadena de procesos que dan lugar a experimentar sensaciones agradables o desagradables, y emitimos nuestras respuestas en función de ello. Para que esta ignorancia se transforme en sabiduría, hemos de enseñar a los módulos cerebrales que corresponda a no confundir las representaciones virtuales de la realidad con la realidad. No solo se trata, pues, de ajustar cognitivamente nuestras interpretaciones de la realidad a cómo esta es, sino también, de que, a la par, los módulos cerebrales involucrados en cada momento realicen un entrenamiento de discriminación y aprendan a no confundir una realidad virtual con la realidad misma.

Pero, ¿qué es la realidad? A decir verdad, lo que llamamos realidad, la realidad que vivimos, es siempre una realidad construida. Nosotros no sabemos cómo es la realidad en-sí (noúmeno), sino cómo se nos muestra (fenómeno). Lo que llamamos realidad es ya una construcción. Construimos la realidad desde tres niveles: biológico, socio-cultural y biográfico. Captamos la energía del mundo externo e interno gracias a que poseemos unos receptores sensoriales capaces de transducir esa energía a un código entendible por las neuronas del cerebro. La estructura de estos receptores y cómo funcionan está genéticamente pautada en función de la especie a la que se pertenezca y de la variabilidad genética que hay en cada especie. Por poner un ejemplo, nosotros y una rana no construimos una charca de la misma manera. Dado que somos especies biológicamente distintas, nuestros receptores captan la energía de manera diferente y la construcción y el significado de la realidad que hemos llamado "charca" es, por tanto, con toda seguridad lógica, diferente para la rana y para nosotros. En este nivel biológico, la construcción de la realidad depende fundamentalmente de la información genética codificada en el ADN y sobre este nivel operan, en nuestra especie, los otros dos (socio-cultural y biográfico) aportando aún más variabilidad que la ya genéticamente existente.

En el nivel socio-cultural, son los valores y pautas establecidos en los grupos sociales en los que históricamente vivimos los que moldean la construcción de la realidad. Estos valores y pautas nos son inevitablemente introyectados en el curso de nuestra socialización y aquellos que son aprendidos en la infancia temprana (por aprendizaje social o vicario) resultan ser especialmente condicionantes y constituyen la base de nuestro comportamiento cuando adultos. Sobre este nivel, que es compartido por los miembros de un grupo social, la biografía personal, es decir, nuestras experiencias y aprendizajes particulares, vuelve a modelar la construcción de la realidad. Todo ello aporta una extraordinaria variabilidad a la interpretación de la realidad. La variabilidad biológica se multiplica en el nivel socio-cultural y lo hace exponencialmente en el nivel biográfico. Así, bien podríamos decir que lo que más propiamente llamamos "realidad" es la construcción final resultante que esté más próxima a la que nos proporciona el nivel básico biológico (la experiencia sensorial). Es decir, la interpretación menos distorsionada por los valores y pautas socio-culturales aprendidas y por los aprendizajes particulares adquiridos en el transcurso de nuestra vida. Esta es la realidad que podemos llegar a observar con la práctica de la meditación basada en *mindfulness*, pues nuestra observación con atención plena es una observación lúcida, carente de conceptos interpretativos y ecuánime, no contaminada por preferencias condicionadas en el pasado.

El no tener una "visión" correcta de cómo es la realidad y de cómo respondemos ante ella en aras de adaptarnos es lo que constituye la ignorancia, que es un factor fundamental de sufrimiento. A esta ausencia de una "visión" e interpretación adecuada de la realidad que vivimos contribuye notablemente el no haber aprendido a pensar correctamente. La reificación o error categorial (creer que las ideas o categorías mentales son cosas) es una de las formas incorrectas de pensar que, junto con la generalización, más frecuentemente está asociada al sufrimiento. Tenemos la tendencia aprendida de pensar cosificando fenómenos de consciencia que no son cosas, sino ideas o categorías mentales. Así, podemos hablar de lo espiritual como si fuese una cosa y no una categoría que denominamos de esa manera y en la que englobamos una serie de fenómenos que tienen unas características comunes y que son distintos a los que forman parte de la categoría de "lo material". Cuando pensamos que "espiritual" es una cosa, entonces creemos que es alcanzable y podemos poseerla como si fuese una silla o un bolígrafo y que, si la alcanzamos, seremos "espirituales" por oposición a "materialistas". Sin duda, esto nos generará conflicto y sufrimiento, puesto que no hay dos mundos contrapuestos (el espiritual y el material), sino distintas categorías de un mismo mundo, el cual, a su vez, tal como lo conocemos (y no lo podemos conocer de otra manera) es un fenómeno de consciencia.

Por último, otro factor de ignorancia es no tener presente que todos nuestros actos tienen consecuencias (lo que en el budismo se conoce como la ley del *karma* y que en psicología llamamos la ley del efecto). Si tengo muy presente que mis acciones tienen consecuencias, cuidaré de discriminar qué intenciones o motivaciones y pensamientos me llevan a consecuencias saludables y cuáles no. Saber que todos mis actos tienen consecuencias, tenerlo presente en cada momento y discriminar inteligentemente cuáles realizo y cuáles no, me ahorra sufrimiento y me facilita abrirme a un estilo de vida en el que el bienestar psicológico sea un sentimiento dominante. El hecho, sin embargo, es que algunos de nuestros aprendizajes parecen no tener en cuenta esta ley del efecto y, más bien, da la impresión de que lo que hemos aprendido es a buscar con nuestros actos consecuencias que no nos reportan bienestar, sino sufrimiento. Es como si buscáramos el bienestar, pero, con una ausencia llamativa de discriminación, es decir, de inteligencia, nos hubiéramos hecho adictos al sufrimiento, desplegando una y otra vez aprendizajes que nos proporcionan lo contrario del perseguido bienestar.

Vemos, pues, que la ignorancia es un factor de sufrimiento complejo más allá de no reconocer las tres marcas o características de la realidad. La ignorancia no ha caído del cielo, sino que tiene un sustrato psicobiológico en la manera en que funciona nuestro sistema nervioso y en la manera en que aprendemos. La misma capacidad de aprendizaje (que se manifiesta en los distintos tipos de condicionamiento y cuyo fundamento es la plasticidad neural), el proceso de generalización que se puede dar en los mismos y la ausencia de una discriminación inteligente, subyacen como causas de la ignorancia y como mantenimiento de la misma.

El no darnos cuenta de que la realidad que estamos viviendo en un momento dado es un constructo, una interpretación que elaboramos acerca de ella y que, por naturaleza, ese constructo es transitorio, insatisfactorio, contingente (dependiente de causas con frecuencia complejas), facilita creer que hay un yo, el deseo, la identificación, el apego, la reactividad emocional y la anticipación de respuesta y, por consiguiente, el sufrimiento. En última instancia, la ignorancia es no darse cuenta de que todo está "hecho" de consciencia, que todo está impregnado de consciencia y tiene ese sabor. Todo es una experiencia consciente y las experiencias son cambiantes, contingentes, insatisfactorias e inatrapables. ¿Cómo podría uno identificarse a pies juntillas con algo que es evanescente? ¿Cómo podría uno apegarse a algo así? ¿Cómo podría uno abandonarse a la reactividad emocional ante algo de esa naturaleza? ¿Cómo podría uno creer que desear algo así va a llenarle? Pues sí, nos podemos identificar, apegar, abandonar y podemos creer desde la ignorancia, no siendo conscientes de nuestra ignorancia.

El Yo

Es más que frecuente leer y escuchar que el *Yo* es el gran culpable de nuestro sufrimiento. El budismo considera que no existe un Yo que sea sustancial y permanente, es decir, que tenga existencia intrínseca. Pero, ¿existe el *Yo*? Si existe, ¿dónde está ubicado? ¿En qué consiste? ¿Cómo es que llego a tener un *Yo*? En relación con el asunto del Yo, la psicología occidental se debate entre dos polos: la necesidad de postular un *Yo* como instancia psíquica para explicar la psicología de los seres humanos (p.e. el psicoanálisis) o, por el contrario, el planteamiento de que no es necesario postular una entidad llamada *Yo* para explicar la conducta humana (p.e. el conductismo). Clásicamente, en el psicoanálisis el *Yo* es una instancia psíquica que, regida por el principio de realidad, media entre las otras dos instancias psíquicas (el *Ello* y el *Súper-Yo*) que componen el aparato psicológico humano. Por el contrario, el conductismo plantea que recurrir a postular la existencia de un *Yo* como instancia psíquica es innecesario para explicar la psicología humana, la cual se puede explicar en función del ambiente y de las leyes de la conducta. Curiosamente, budismo y conductismo coinciden en lo innecesario de postular la existencia de un *Yo* y puede que, en el nivel ontológico tengan razón y no exista entidad alguna llamada *Yo*, sin embargo, todos tenemos la impresión de tener un Yo o, para ser más precisos, de ser un *Yo*. Es más, si nos preguntan si somos fulanito de tal, enseguida contestamos "sí, soy yo" o "no, no soy yo". También, si hemos olvidado algo y alguien pregunta "¿de quién es esto?", contestamos "es mío" o "no es mío". Si ontológicamente carezco de *Yo*, ¿cómo es que respondo diciendo si soy yo o no, o si es mío o no? ¿Me autoengaño? No, no me autoengaño. Tal vez el *Yo* no sea, en términos ontológicos, una entidad, pero sí es una función biopsicológica y social y, en este sentido, convendría hablar de individuación o individualidad antes que de *Yo*.

En el hecho de que lleguemos a considerarnos individuos y postular que tenemos un *Yo* interviene un factor relevante: el proceso de individuación, el cual está biológicamente programado. Nos vamos diferenciando como individuos ya desde el momento de la concepción, siendo la adolescencia una etapa fundamental de diferenciación biológicamente programada. Esta individuación está vinculada a la reproducción, es decir, a la transmisión y perpetuación del acervo genético de la especie. Por así decirlo, la doble hélice de ADN programa la individuación para garantizar su supervivencia y dota al individuo de todos los procesos necesarios para su adaptación y supervivencia como individuo, al menos hasta el cese del tiempo reproductor. Así que, parafraseando a los vitalistas, podríamos hipotetizar que hay un impulso vital no voluntario y codificado en el ADN que promueve la individuación, la cual, en nuestra especie y en otras muchas, es necesaria para la reproducción y supervivencia.

Por otro lado, somos seres gregarios capaces de vivir en grupos y comunicarnos. Las tres primeras personas del verbo (yo, tú, él) señalan e identifican, en un grupo, quién está realizando una acción y a quién hay que atribuir la responsabilidad de esa acción, es decir, individualizan la acción del verbo. A partir de aquí, por aprendizaje y generalización, es fácil que llegue a atribuirme la pertenencia de los actos que realizo (sensaciones, percepciones, pensamientos, emociones, sentimientos, motivaciones, acciones). Así, "yo", cumple funciones de identificación, individuación y responsabilidad social y, aunque los asuntos a los que se refieran varíen, esas funciones están socialmente sostenidas en el tiempo y este hecho contribuye poderosamente a creer que hay en mí algo (un *Yo*) que permanece a lo largo del tiempo y al cual le pertenecen los actos que realiza, y eso aun cuando pueda constatar todos los cambios físicos, psicológicos y sociales que he ido teniendo a lo largo de la vida. Así pues, un factor que contribuye a generar un sentido de individualidad y la concepción de un *Yo* es el psico-social asociado al lenguaje. Esta atribución de pertenencia de los actos es un aprendizaje realizado muy tempranamente durante el proceso de socialización, es decir, se trata de un introyecto que comúnmente no se cuestiona.

Además, todas mis experiencias (pensamientos, sentimientos emociones, motivaciones, aprendizajes, percepciones y sensaciones), salvo que las haga objetivas expresándolas al exterior, son subjetivas y, aunque también otros puedan tener experiencias parecidas, el hecho es que soy yo quien tiene esas en concreto y no cualquier otro. Debido a que soy consciente (siento) y diferencio entre lo que sucede en mí o fuera de mí, clasifico esas experiencias como mías. Consciencia y diferenciación dentro/fuera, es decir, la categorización "dentro-fuera", son dos factores que contribuyen a sentirme individuo y a la concepción de un "Yo" frente a un "otro"; de que hay "lo mío" y "lo de otro", aun cuando el hecho de ser consciente de lo mío y de lo del otro y diferenciarlo se está dando siempre dentro de mis fronteras, en mí. En este sentido, es también relevante lo que nos ocurre con las sensaciones interoceptivas y propioceptivas y, particularmente, con el incesante discurso mental interno, los cuales están "dentro de mí", pero pueden ser experimentados y observados de la misma manera que un objeto visual, auditivo o de cualquier otro canal sensorial especializado en lo que está "fuera de mí".

Escuchar el discurso mental interno ("mi pensamiento") es uno de los fenómenos que más contribuye a la idea de que hay algo en mí, un Yo, que piensa. Como vimos en el apartado dedicado a la atención, el escuchar el propio pensamiento se debe a una descarga corolaria, cuya función es permitir que seamos conscientes de que somos nosotros, y no otro individuo, quienes estamos pensando. No hay ningún *Yo* que esté pensando, sino que se produce el pensamiento y la señal corolaria me facilita escucharlo y saber que no lo produce otra persona. Los experimentos de cerebro dividido (sección del cuerpo calloso, que es la comisura que interconecta el hemisferio cerebral derecho y el izquierdo) que se realizaron en el siglo pasado (ver para una revisión: Gazzaniga, 1985) llevaron a los neurocientíficos a concluir que en el hemisferio izquierdo del cerebro existe un módulo o red neural que denominaron "el intérprete" y cuya función no es otra que elaborar discursos para intentar dar sentido a las cosas. Parece que, evolutivamente, necesitamos dar sentido a la realidad, aunque sea a través de una fabulación, y de ello se encarga esa red neural "intérprete" que, funcionalmente, coincide con la red neural por defecto y, más concretamente, con la sub-red hipocámpico-cortical que hemos descrito en el capítulo anterior. Los experimentos de cerebro dividido que se realizaron pusieron de manifiesto que tenemos una tendencia compulsiva a dar coherencia cognitiva a lo que nos está pasando y no hacerlo nos ocasiona inseguridad y malestar. Esta especie de compulsión por dar sentido a las cosas, aunque sean incongruentes y, sobre todo, si lo son, mediante la elaboración de discursos interpretativos está al servicio de proporcionarnos un sentimiento de seguridad y es el sustrato del mecanismo de defensa de racionalización. Sin embargo, el "intérprete" no solo obedece a la necesidad compulsiva de experimentar seguridad, sino que, por defecto, funciona elaborando pensamientos que invaden nuestro campo de consciencia cuando no estamos concretamente ocupados en nada. Tanto la descarga corolaria, que me permite saber que ese discurso mental es mío y no de otra persona, como la regla gramatical y social de que toda acción necesita de un sujeto hacen que pueda hacer la atribución de que hay un *Yo* que está pensando.

Algo parecido ocurre cuando experimento y observo algo que está "fuera de mí" y ello me lleva a tener la ilusión cognitiva de que hay algo o alguien que experimenta y observa (el sujeto o *Yo*). El hecho de poder sentir y observar las sensaciones interoceptivas y propioceptivas y el discurso mental generan, igualmente, la ilusión cognitiva de que hay un sujeto (*Yo*) que experimenta eso que está "dentro de mí". De esta manera, configuro la impresión dualista de que hay un *Yo* que es consciente de lo de "fuera" y de lo de "dentro", cuando en realidad todo se está experimentando "dentro" y no hay dualidad entre un sujeto que conoce y lo conocido, pertenezca lo conocido al mundo "interno" o al "externo". Toda experiencia es siempre subjetiva y solo deja de ser privada cuando la expresamos, pero aquello que expresamos ya no es esa experiencia subjetiva, sino que es una experiencia nueva (la expresión). Lo que consideramos "objetivo" es una puesta en común de muchas subjetividades, una intersubjetividad que depende de lo que biológicamente tenemos en común, del hecho de compartir los mismos contextos socio-culturales, de tener un lenguaje común y del hecho de tener experiencias probablemente parecidas.

Por añadidura, todas las experiencias van cambiando y, a pesar de ello, hay una constante que no cambia: soy consciente de ellas. Permanece inmutable (al menos hasta la muerte o una patología neuropsicológica que afecte a la consciencia) la función de darme cuenta de ellas y, de nuevo, aparece la impresión, reforzada por el factor psico-social, de que hay algo que permanece mientras todo lo demás cambia. El ineludible hecho de la subjetividad de cada experiencia, de que estas se den dentro de "mis fronteras psicológicas" y el hecho de que la función de ser consciente de ellas permanezca constante, son factores psicológicos que, junto con los ya mencionados, contribuyen a creer que hay un Yo que es consciente. Yo soy consciente de todo eso que cambia y me considero un individuo diferente de otros. Este hecho hace que, en algunas tradiciones, se identifique el *Yo* con la consciencia, aunque puede que la consciencia deje de existir tras la muerte. De cualquier manera, desde el punto de vista científico, tanto si perdura después de la muerte como si no, es solo una hipótesis que, al menos de momento, no puede ser verificada por los vivos.

El cuerpo es otro factor que contribuye de una manera fundamental a la sensación de individuo, de ser yo y, también, a la concepción de tener un *Yo*. Soy consciente de tener un cuerpo que, por mucho que haya un patrón común de "cuerpo humano", es externamente diferente del de otros y, además, cuando lo siento, esa experiencia es subjetiva. Así que tenemos "mi cuerpo interna y externamente sentido" y el cuerpo de los otros, del cual también tenemos consciencia, aunque normalmente limitada a lo externo del mismo, es decir, a lo externamente observable. Los canales sensoriales externos (sobre todo el visual, el táctil y el auditivo) nos proveen de una experiencia de nuestro cuerpo y del de otros individuos, pero son los canales interoceptivo y propioceptivo, que nos dan información interna del cuerpo, los que más contribuyen a la sensación de tener un cuerpo que es mío y diferente del de otros, de los cuales, salvo que lo expresen, desconozco la información interna. La consciencia del cuerpo propicia que me considere un individuo diferente de otros y contribuye a la concepción de tener un *Yo*.

La memoria es un proceso que desempeña también una función relevante a la hora de creer en la existencia de un *Yo*. La memoria episódica es el almacén de mis acontecimientos biográficos y, junto a la conciencia y el cuerpo, da continuidad a la sensación de que hay algo que no cambia, el *Yo*. Recuerdo los sucesos que me ocurrieron en el pasado y son los que me han ocurrido a mí. Mi biografía me define. En esa biografía hay pensamientos, emociones, motivaciones y hábitos de conducta que son propios, que pertenecen a un pasado que no es el de otro y yo soy el sujeto que los ha experimentado. Estos hábitos psicológicos, que son tanto cognitivos como emocionales, motivacionales y de conducta, constituyen un estilo único, una forma única de ser y estar en la vida. Mi estilo, y yo soy quien tiene ese estilo.

También nos ocurre que tenemos una idea acerca de lo que somos y de lo que deberíamos ser. Esta es nuestra imagen o idea de nuestro *Yo* y de nuestro ideal del *Yo*. Con frecuencia existe diferencia, a veces grande, entre lo que creemos ser y lo que creemos que deberíamos ser, produciéndose insatisfacción hacia uno mismo e, incluso, culpa y/o un anhelo de llegar a encarnar esa idea de lo que deberíamos ser. Esta diferencia, en la que suele estar ausente la aceptación, es una fuente de sufrimiento. Además, hay que tener en cuenta que los otros tienen una imagen de "mi *Yo*" y que esa imagen nos es reflejada como una identidad o persona que es reconocida como tal a lo largo del tiempo.

Desde esta perspectiva, el *Yo* más bien parece una función biópsico-social resultante de un proceso biológico de individuación y de un continuo de asociaciones entre el pronombre personal "yo" y la experiencia del resto de los factores que hemos ido analizando aquí. Este continuo de asociaciones llega a proporcionarnos la impresión de que la experiencia derivada de todos esos factores (biología, consciencia, cuerpo, dentro-fuera, memoria e ideal del *Yo*) me pertenece y, en cuanto tengo esa impresión de pertenencia, es fácil llegar a pensar que hay alguien (*Yo*) que la tiene, de manera que yo tengo esos factores y, si soy yo quien los tiene, ello significa que hay una entidad (*Yo*) que tiene esos objetos (los factores). Podemos decir que funcionalmente tenemos un *Yo*. Pero, ¿se acompaña este *Yo* funcional de existencia intrínseca? Esta pregunta nos conecta con el problema ontológico.

El problema ontológico no es otro que preguntarnos si el *Yo* tiene existencia inherente o no. Decir que algo tiene existencia inherente es decir que ese algo se sustenta por sí mismo y, por tanto, constituye una entidad que no depende de otras para su existencia. Si pensamos que el *Yo* tiene existencia inherente, estamos admitiendo que el *Yo* es una entidad que habita en nosotros, la cual existe por sí misma y sería el fundamento de nuestra existencia. El budismo, aunque acepta un *Yo* funcional, mediante la doctrina de *anatta* niega que exista un *Yo* que tenga existencia inherente y extiende esta doctrina a todos los entes que conforman lo que llamamos realidad. Como ya hemos visto, según el budismo, ningún ser, sea sintiente o no sintiente, se sustenta por sí mismo. No hay una esencia o sustancia que permanezca inmutable a lo largo del tiempo y haga que algo sea lo que es. Antes bien, el budismo plantea el hecho de la interdependencia: nada se sustenta a sí mismo y tiene existencia inherente, sino que todo es interdependiente y contingente, de manera tal que algo existe, incluido el *Yo*, en la medida en que depende de otros entes para existir y, precisamente, es esta ausencia de existencia inherente lo que hace posible la causalidad. Si algo se sustentara por sí mismo, ese algo no tendría causa, no sería causado por otra cosa y, consecuentemente, la causalidad no sería posible. Cuando las causas de algo desaparecen, la existencia de ese algo desaparece. No obstante, el budismo, como hemos dicho, no niega un *Yo* funcional, convencional.

En el ámbito de la filosofía occidental, David Hume, en su *Tratado de la naturaleza humana (*1984), aborda una indagación acerca del *Yo*, llegando a la conclusión de que todo lo que podía encontrar era un haz o gavilla de percepciones. Hume no pudo encontrar ninguna entidad que pudiera llamarse *Yo*, solo un continuo de percepciones. Por su parte, Gilbert Ryle (2009) nos plantea que, respecto al *Yo,* incurrimos en un error categorial. Ryle pone el ejemplo de un hombre que va a conocer una universidad y al que le van enseñando las distintas dependencias de la universidad y que, cuando terminan de enseñarle todas las dependencias, pregunta dónde está la universidad. Obviamente, el hombre en cuestión no había comprendido que denominamos universidad al conjunto o categoría que aglutina o contiene todas las dependencias que le mostraron y es que los conjuntos que son reuniones de cosas no son partes de sí mismos, es decir, no son una cosa. Una categoría, clase o conjunto, si bien es un proceso cognitivo a través del cual aglutinamos cosas (generamos una categoría) que tienen algunas características en común, no es una cosa. Algo similar ocurre con el *Yo*. Denominamos *Yo* al conjunto o categoría en el que aglutinamos todos nuestros hábitos cognitivos, emocionales, motivacionales y conductuales, así como nuestras memorias episódicas y nuestra proyección de futuro. El *Yo* no es una cosa o ente, sino, a fin de cuentas, una categoría o conjunto que reificamos, que convertimos en cosa.

Parece que eso que llamamos *Yo* pudiera ser una categoría que se conforma desde varios niveles: a) Individuación y diversidad biosociológicas son estrategias evolutivas de supervivencia genética. b) Las personas del verbo, que permiten saber quién es el sujeto de la acción y establecer responsabilidad psicosocial. c) La percepción del propio cuerpo y la sensación "dentro/fuera". d) El hecho de ser consciente y la privacidad de lo que se es consciente. e) La memoria episódica, que almacena recuerdos biográficos. f) La idea de lo que creo ser y de lo que creo que debería ser y la imagen de persona que permanece identificada en el tiempo que otros tienen de mí.

El factor de ignorancia, causante de sufrimiento, respecto al *Yo* parece ser doble. Por un lado, caer en la dualidad y no darse cuenta de que todo son fenómenos de consciencia y que cuando "yo veo al otro que es distinto de mí física y psicológicamente", en realidad ese otro que veo me "está pasando" a mí, es un fenómeno de mi consciencia y pertenece a mi subjetividad. No me doy cuenta de que yo estoy construyendo eso que "veo". De otro, no darse cuenta de que todo fenómeno de consciencia, incluido el *Yo*, es una experiencia cambiante e insustancial, inatrapable. Si uno ve con claridad que el *Yo* es una función antes que una entidad o cosa, que es la manera de denominar a un conjunto o categoría que aglutina procesos bio-psicológicos y psico-sociales que son cambiantes y contingentes, entonces, la tensión o sufrimiento por alimentarlo y protegerlo disminuye significativamente e, incluso, puede llegar a desaparecer. Realizar que el *Yo* es una función convencional carente de autoexistencia puede resultar de un gran alivio psicológico, pues nos libera de tendencias egocéntricas.

El deseo

Como hemos dicho, a diferencia del dolor, el sufrimiento es un fenómeno psicológico aprendido: aprendemos a sufrir. Si el sufrimiento no fuese algo aprendido, sería imposible revertir nuestros hábitos de sufrimiento mediante el aprendizaje de hábitos más saludables y, sin embargo, sí es posible hacerlo. En el budismo, la *segunda noble verdad* pone de manifiesto que el sufrimiento tiene una causa principal y que esta causa es el deseo (sed, avidez, ansia, anhelo, apego). No solo el deseo-apego a lo sensorial, sino, también, al mundo de las ideas es causa del sufrimiento. El deseo no solo es deseo por lo mundano, sino el anhelo o ansia de existir y, también, de no existir, algo intrínseco a la vida. Visto así, pareciera (y, de hecho, a algunos así les parece) que la liberación del sufrimiento se consigue mediante una práctica ascética que pretende eliminar una de las características biológicas principales de la vida: el deseo, el cual está íntimamente relacionado con nuestra supervivencia como individuos y con la continuidad de la especie. Pero, ¿qué es el deseo?

El deseo es un fenómeno psicológico complejo que pertenece al ámbito de la motivación y reúne sensaciones físicas asociadas a pensamientos (fantasías incluidas) que giran en torno a esa misma experiencia de deseo, la cual surge por la existencia de una alteración en la homeostasis o equilibrio del organismo, bien sea a nivel físico, bien a nivel psicológico. Este complejo sensación-pensamiento se vive como una tensión, como un desasosiego que nos motiva a realizar acciones dirigidas a meta y cuya finalidad no es otra que poner fin a esa tensión, es decir, al deseo mismo. El deseo se mueve en el nivel de la sensación, ya que se inicia con una sensación y termina con una sensación (la del cese de la tensión) y, también, es una experiencia de volición y poder. El deseo contiene volición y poder, pues contiene en sí mismo la energía necesaria para satisfacerlo. El deseo no es solo deseo de ser algo o tener algo, sino, también, deseo de no ser algo o no tener algo, es decir, aversión a que ciertas cosas nos ocurran. El deseo es un proceso psicológico que se asienta en un eje básico para la supervivencia: el eje "aproximación/huida" o, si se quiere, "atracción/aversión".

Hay deseos que son factores de supervivencia individual y de la especie y que se conocen con el nombre de "homeostáticos". El deseo de comer y el de beber, motivados por el hambre y la sed, son imprescindibles para el equilibrio metabólico del individuo. Igualmente, el deseo de satisfacer las necesidades de micción y defecación es necesario para la homeostasis del individuo. El deseo sexual, más allá del placer individual, sostiene la supervivencia del acervo genético de la especie y el deseo de protección (abrigo, cobijo y cuidado) provee la seguridad del individuo y contribuye a la continuidad genética. También hay un deseo que se expresa a través de la aversión. Aversión a lo que amenaza la supervivencia. Aversión que se concreta en conductas de ataque o de huida. Podemos decir que, en la medida en que la satisfacción de estos deseos contribuye a la supervivencia de los individuos, contribuye, también, a supervivencia de la especie. Hay, por tanto, un deseo que es vital, que forma parte del flujo de la vida y facilita el mismo a través del patrón: desequilibrio-motivación-conducta dirigida a restablecer el equilibrio.

Estos deseos homeostáticos, que constituyen una experiencia compleja que incluye sensaciones corporales y pensamientos centrados en su satisfacción, son factores de adaptación y constituyen una base para el aprendizaje. Mediante el aprendizaje, tanto el individuo como el grupo pueden desarrollar una mayor habilidad para aliviar la tensión que los deseos acarrean. Sin embargo, la generalización de aprendizajes también va a hacer posible que estos deseos, inicialmente homeostáticos en términos vitales, dejen de serlo y se conviertan en fuente de sufrimiento. Fuera del ámbito de la homeostasis vital, el deseo de ingesta (comida y bebida) es una fuente de dependencia y sufrimiento. De igual manera, al margen de la homeostasis hedónica y reproductora, el sexo puede llegar a convertirse en un factor de dependencia y sufrimiento. Sin embargo, es el deseo de seguridad el que, tal vez, nos genere más sufrimiento. La necesidad de abrigo, por ejemplo, por una interacción entre generalización de aprendizaje y la proyección de una imagen, puede acabar generando la dependencia de ir a la moda y poseer prendas que denoten estatus económico y social y, también, puede llevarnos, en ausencia de discriminación, a la acumulación. Esta dependencia es un factor de sufrimiento y algo análogo puede suceder con el deseo de cobijo y de cuidado. El deseo de seguridad está íntimamente asociado al miedo. Miedo al dolor, a la enfermedad, a la vejez y a la muerte. Este miedo es, como el deseo, un complejo experiencial en el que hay sensaciones corporales desagradables y pensamientos asociados a ellas. El deseo de evitar esas sensaciones desagradables y la identificación con los discursos mentales asociados son elementos muy importantes en el mantenimiento del miedo.

En el orden psicológico, tenemos, también, motivaciones que igualmente requieren de homeostasis o equilibrio. La conocida Pirámide de Maslow (1991) nos plantea las necesidades de: seguridad y protección, tanto física como social, de afiliación (amistad, afecto, relaciones íntimas, pertenencia a un grupo), reconocimiento (autorreconocimiento, reconocimiento social y respeto) y de autorrealización (motivación de crecimiento psicológico, necesidad de ser, autorrealización). Estas necesidades inducen deseos que orientan nuestras conductas en la dirección de satisfacerlos y recuperar la homeostasis psicológica perdida. Se trata de deseos que están, más bien, emparentados con nuestra calidad de vida antes que con nuestra supervivencia biológica, sin embargo, nos comportamos para satisfacer esas necesidades como si nuestra supervivencia estuviese en juego.

Además, la misma pauta de repetición del ciclo "insatisfacción-recuperación del equilibrio perdido", la cual podemos apreciar en el área de las necesidades de supervivencia biológica, se produce en el ámbito de estos deseos psicológicos, de manera que, al igual que comemos y ello satisface por un determinado tiempo el deseo de comer y, después, vuelve a aparecer la insatisfacción y hemos de volver a comer, en el contexto de las necesidades de orden psicológico se dan los ciclos de insatisfacción y repetición de conductas para satisfacer el equilibrio perdido. Por poner un ejemplo, nuestras necesidades de seguridad y reconocimiento pueden llegar a satisfacerse consiguiendo poder y estima, pero muy probablemente volveremos a sentirnos inseguros y no suficientemente reconocidos. Entonces, volveremos a ponernos en marcha para conseguir más poder y estima y, así, sucesivamente, de manera que iremos invirtiendo una y otra vez una cantidad desmesurada de energía. Esta energía la retraeremos de otras dimensiones de nuestra vida, las cuales, desequilibradas a su vez, harán que nos sintamos insatisfechos y demandarán que las satisfagamos, generándose de esta forma un bucle interminable de sufrimiento en el individuo.

Hay un factor común en todos los deseos y este es esa pérdida de homeostasis o equilibrio que bio-psicológicamente se vive como una tensión, como insatisfacción. La insatisfacción con la experiencia presente, sea esta cual sea, es la raíz del deseo. El deseo de ser otro, de estar en otro sitio, de tener esto o aquello, de que suceda otra cosa distinta a la que está sucediendo, de satisfacer esto o aquello se origina en el sentimiento de que la experiencia que se vive en el presente se vive como incompleta y no nos llena. Esta incompletitud, ese vacío, es interpretado como un desequilibrio, como una falta de homeostasis psicológica y ello pone en marcha el patrón del deseo (desequilibrio-motivación de aliviar ese desequilibrio-conductas para restablecer el equilibrio). El alivio o desaparición de la tensión que experimentamos cuando se produce una falta de homeostasis, sea física o psicológica, constituye un refuerzo positivo, placentero. Todo refuerzo positivo, bien sea por la presencia de algo que consideramos placentero o por la desaparición de aquello que consideramos displacentero, incrementa la probabilidad de que la conducta que hemos emitido para obtener ese refuerzo vuelva a emitirse en el futuro. Este hecho es extraordinariamente importante a la hora de explicar la difícil regulación o extinción de cualquier deseo. Por otro lado, sabemos que en el refuerzo positivo está implicada la liberación del neurotransmisor dopamina en ciertas áreas cerebrales. Este neurotransmisor también se libera en el cerebro como consecuencia de la atención sostenida, lo que puede ser relevante a la hora de explicar por qué la meditación basada en *mindfulness*, que exige una atención sostenida, resulta ser un método eficaz para proporcionarnos un sentimiento estable de bienestar que ayuda a liberarnos del sufrimiento.

No parece que el deseo, como tal, como proceso psicobiológico al servicio de la supervivencia del individuo y de la especie, sea la causa del sufrimiento. Más bien parece que son la generalización del deseo, la identificación con el objeto del deseo, la adicción y la ausencia de discriminación inteligente y de los procesos inhibitorios necesarios para detener ciertas conductas lo que subyace a que el deseo pueda considerarse como un factor de sufrimiento.

La identificación

Cuando un patrón motivacional de deseo está en funcionamiento, es necesario que identifiquemos el objeto que creemos nos va a ayudar a restablecer equilibrio físico o psicológico perdido y, una vez identificado, emitimos conductas dirigidas a conseguir ese objeto. La identificación es más que un mero reconocimiento del objeto. Es, en realidad, una identificación con el objeto. La identificación es uno de los procesos psicológicos a través de los cuales generamos sufrimiento (propio y ajeno) y es muy común leer en libros de espiritualidad y de autoayuda que una causa de nuestro sufrimiento es la identificación con nuestros pensamientos, de manera que, si dejamos de pensar o de creer en ellos, si cuestionamos esas creencias y las vemos como irracionales y no ajustadas a la realidad, el sufrimiento desaparece. Esto es cierto, pero es una verdad incompleta, pues, como veremos, el asunto es mucho más complejo.

Nos identificamos cuando asociamos nuestra identidad a otra entidad, sea esta la que sea, y empezamos a ser a través de lo otro. ¿Cuáles son las bases de la identificación con nuestro discurso mental o con cualquier otro fenómeno, sea este el que sea? En la identificación se dan dos procesos. El primero de ellos consiste en que nuestra atención se queda enganchada en aquello con lo que nos identificamos, sea esto un objeto, un pensamiento o una persona. Nuestra atención se queda enganchada en ese fenómeno y pierde la capacidad de desengancharse de él y orientarse hacia otro. Este enganche de la atención hace que en nuestra consciencia solo sea relevante el fenómeno de que se trate (discurso mental, persona, objeto) y, puesto que la atención está enganchada a él y no hay opción para otros fenómenos, este ocupa todo el campo de consciencia con el resultado de que eso es lo que soy, lo que estoy viviendo en ese momento. En ese momento mi vida es eso, estoy siendo a través de eso. Soy idéntico a eso. Este es el fundamento psicológico de la identificación con nuestros pensamientos y con cualquier otro fenómeno: la atención deja de fluir naturalmente y deja de realizar sus tres procesos característicos (orientación, enganche y desenganche) al quedarse bloqueada en el de enganche. Así, como lo que atiendo es aquello de lo que soy consciente y aquello de lo que soy consciente es lo que vivo, mi vida es idéntica a aquello en lo que la atención se ha quedado enganchada, sea esto lo que sea.

El segundo proceso que se da en la identificación consiste en creer, de manera más o menos consciente, que un determinado fenómeno nos va a reportar algo, va a satisfacer un deseo y restaurar nuestra perdida homeostasis. Cuando me identifico tengo la convicción de que aquello con lo que me identifico es verdadero, que es lo que me viene bien o necesito. Si, por ejemplo, me identifico con un objeto y tengo la creencia de que teniendo ese objeto voy a satisfacer el deseo de ser mejor, ocurre que creo que esto es así en verdad ahora o va a serlo en el futuro. En este sentido, la identificación connota verdad (lo que uno cree que es verdad) y representa un intento de control de la realidad basado en cómo creo que esta debe ser y, en la medida en que se ejerce control, es un proceso que nos aporta poder y seguridad. Esto es claro cuando se trata de discursos mentales de los que catalogamos como positivos. Pero, ¿qué ocurre con aquellos que clasificamos como negativos? En el caso de la identificación con discursos mentales negativos, como los que tienen lugar cuando estamos deprimidos, la atención se queda enganchada en esos discursos y creemos en ellos. Esta creencia nos aporta convicción, nos hace sentir seguros de que no estamos equivocados. Paradójicamente, resulta ser la única certeza o seguridad que hallamos cuando estamos en esa clase de estados psicológicos en los que no encontramos nada a lo que aferrarnos.

De igual manera, cuando estamos airados, nuestro discurso mental, aunque objetivamente será erróneo, nos parece verdadero y nos justifica las acciones que llevemos a cabo.

Esta identificación con las interpretaciones disfuncionales de la realidad, es decir, con las historias disfuncionales que nos contamos, se basa en el enganche de la atención y en la atribución de que esas interpretaciones son verdaderas y, a pesar de que nos pueden hacer sufrir, suele haber un beneficio secundario que las mantiene en el tiempo y dificulta que las abandonemos. Hemos aprendido a contarnos esas historias acerca de cómo debe de ser la realidad y la convicción de que cualquiera de ellas es verdadera nos induce un sentimiento de control (poder) y, a su vez, este nos proporciona seguridad. Si, por ejemplo, llegase a la convicción de que personas con ciertas características deben de ser despreciadas porque contaminan la sociedad en la que vivo, esa convicción validará como justa cualquier acción que pueda llevar a cabo al respecto, sintiéndome poderoso y seguro al hacerlas. Este sentimiento de poder y seguridad es reforzante y hace que sea muy probable que, en el futuro, siga identificándome con esas creencias. También, cuando me identifico y creo que es verdad, por ejemplo, que "no valgo para nada", aunque sufra por ello, esa identificación me afirma y me hace sentir seguro para, tal vez, no arriesgarme en realizar alguna tarea o acción, lo que me protege del miedo a fracasar y, además, puede que tenga, también, un beneficio secundario al recibir atención y ayuda de otras personas. Cuando esto ocurre, estoy enajenando mi propio poder e investiendo a otros con él. El beneficio secundario refuerza esas interpretaciones disfuncionales y provee que perduren en el tiempo.

A menudo sugiero a las personas con dificultades psicológicas que cuestionen sus pensamientos y discriminen. Para ello, les enseño a hacer "pruebas de realidad", a fin de que vean claramente (discriminen) que esos pensamientos, que están asociados a su sufrimiento, no son la verdad, que son generalizaciones o distorsiones cognitivas que no se corresponden con la realidad y, consecuentemente, puedan darse cuenta de lo absurdo que es identificarse con ellos, creérselos y sufrir por la historia que esos pensamientos les están contando. A menudo también, ellos me dicen que al hacer la "prueba de realidad" ven con claridad que el pensamiento que están teniendo no es verdad y que no se lo pueden creer, que es una creencia irracional que distorsiona la realidad. Ver esto les ayuda a dejar de estar enganchados o identificados con esos pensamientos, pero, no obstante, siguen experimentando las sensaciones corporales del sufrimiento y, a tal efecto, las "pruebas de realidad" han de ser complementadas con técnicas específicas para la autorregulación de esas sensaciones corporales. Lo que llamamos sufrimiento se experimenta en el cuerpo a modo de sensaciones que clasificamos como desagradables. El sufrimiento no es cosa solo del pensamiento, sino, también y fundamentalmente, del cuerpo. No se pacifica el cuerpo con solo pacificar la mente. El cuerpo tiene su propia dinámica y hay que pacificarlo actuando directamente en él.

Las sensaciones del cuerpo asociadas al sufrimiento están relacionadas con lo que pensamos, pero, sobre todo, tienen que ver con nuestra capacidad biológica para experimentar agrado y desagrado y con los procesos de atracción/aproximación y de aversión/escape/evitación. Estos procesos, como ya hemos visto, tienen un importante valor adaptativo, tanto en el orden individual como en el de la especie, y son el fundamento de las emociones. Las emociones son procesos de respuesta rápida (en determinadas situaciones no podemos pararnos a reflexionar acerca de lo que pasa) y su control cerebral se da a nivel subcortical y del sistema nervioso autónomo (SNA), antes que a nivel cortical.

El SNA es la parte del sistema nervioso que tiene como cometido el regular las funciones involuntarias internas del cuerpo y se divide en dos subsistemas: el simpático y el parasimpático (Fig. 5). Es el sistema nervioso autónomo simpático el que nos va a preparar para aproximarnos o alejarnos de lo que está sucediendo. Esta actividad es la que subyace a las sensaciones de estrés y ansiedad que experimentamos en el cuerpo cuando estamos ante determinados estímulos y bajo el influjo de ciertos patrones de pensamiento. Al hacer las "pruebas de realidad" vamos poniendo la actividad cerebral subcortical bajo regulación cortical, pero la actividad del sistema

SISTEMA NERVIOSO AUTÓNOMO (SNA)

FUNCIONES DEL SNA SIMPÁTICO	FUNCIONES DEL SNA PARASIMPÁTICO
• Dilatación pupilar • Reducción de la salivación • Incremento del ritmo cardiaco • Dilatación bronquial • Constricción vascular • Sudoración • Disminución de la producción renal de orina • Disminución de contracciones gástricas e intestinales • Estimulación de las glándulas suprarrenales	• Constricción pupilar • Lacrimeo • Salivación • Disminución de la frecuencia cardiaca • Constricción bronquial • Vasodilatación • Aumento de la secreción renal de orina • Contracciones estomacales e intestinales • relajación de esfínteres

Fig. 5. El Sistema Nervioso Autónomo y sus funciones.

nervioso autónomo simpático, responsable directa de las sensaciones corporales que experimentamos, ha de ser equilibrada potenciando su antagonista (la actividad parasimpática), que es la que está operativa cuando estamos descansando o experimentando sensaciones agradables básicas. Hay que equilibrar la actividad simpática, la cual no se equilibra con tan solo introducir control cortical al hacer las "pruebas de realidad" o procedimientos análogos, sino potenciando la actividad parasimpática.

Con tiempo, realizando sistemáticamente "pruebas de realidad" cada vez que esos pensamientos asociados a su sufrimiento están presentes en la consciencia y aplicando técnicas para equilibrar la actividad del sistema nervioso autónomo y autorregular las sensaciones desagradables, es posible hacer que la intensidad de las sensaciones corporales asociadas a esos pensamientos disminuya y puedan ser manejadas más fácilmente o que sean tan débiles que no generen problema alguno, es decir, no reclaman nuestra atención, pues no nos sentimos incomodados o amenazados por ellas. Realizando "pruebas de realidad" y autorregulando las sensaciones emocionales, los patrones cognitivos disfuncionales, al ser cuestionados sistemáticamente y dejar de creer en ellos, se extinguen y ello contribuye a la extinción del sufrimiento; este se extingue, también, porque las sensaciones corporales se han debilitado o no vuelven a aparecer como consecuencia, sobre todo, de haberlas regulado con procedimientos específicos. La extinción del sufrimiento necesita ser abordada cognitiva, corporal y conductualmente puesto que en él se dan esos tres niveles.

El proceso de identificación nos ocurre, también, con los objetos y las personas y en este proceso también están involucrados patrones de pensamiento irracional. Cuando nos identificamos con algún objeto o con alguien, tenemos la creencia irracional de que vamos a adquirir y nos vamos a beneficiar de las propiedades que valoramos en ellos. Sin duda, esto ocurre en nuestra fantasía. La creencia consiste aquí en el pensamiento irracional de que un objeto o una persona nos harán mejores, distintos a lo que somos. Ello supone que nuestra autoestima no es suficiente o no está en sus mejores momentos y nos hacemos valiosos a través de algo o alguien, pero no por nosotros mismos. Cuestionar las creencias que nos llevan a identificarnos con algo o con alguien mediante pruebas de realidad e indagar qué pasa con nuestra autoestima, qué es lo que impide que nos valoremos y amemos, es clave para no sumergirnos en el sufrimiento del deseo y de la frustración. Lo que nos acaba ocurriendo, sobre todo respecto a los objetos (aunque, también, con las personas), es que solemos, antes o después, desencantarnos y considerar que ya han agotado esas propiedades mágicas que creíamos poseían y que nos harían mejores, y empezamos a desear identificarnos con otro objeto, cayendo en una rueda interminable de deseo-identificación.

En términos generales, el patrón de pensamiento disfuncional que nos hace sufrir es la creencia (pensamiento irracional) de que la realidad debería ser de una manera distinta a como se nos presenta. Ese diferencial entre cómo creemos que tienen que ser las cosas y las personas y cómo realmente son es causa principal de sufrimiento. Cuando esto nos ocurre, significa que tenemos serias dificultades con la aceptación (comprensión lúcida, serena y ecuánime) de la realidad. Metafóricamente, nuestro problema es que no actuamos como lo haría un científico, el cual desecha, aun por muy lógicas que parezcan, todas las conjeturas que ha pensado sobre la realidad cuando estas no están apoyadas por los resultados de sus experimentos. La realidad equivale a los resultados de los experimentos del científico y, paralelamente, las conjeturas que el científico desecha por no ser ciertas, se corresponden con nuestras creencias irracionales acerca de cómo tendría que ser la realidad. El científico desecha las conjeturas y acepta los resultados del experimento (la realidad). En contraste, nosotros no aceptamos la realidad y damos crédito a nuestros pensamientos irracionales sobre cómo esta habría de ser. Es poco eficiente y poco eficaz. Si hay algo que en verdad ganamos cuando nos desidentificamos de nuestros bucles de pensamiento acerca de cómo deberían ser las cosas y aceptamos como son, ese algo es libertad. Nos liberamos de la constricción que proporciona una interpretación desajustada, previamente condicionada, de la realidad y de actuar conforme a su dictado. Ganamos libertad y eso nos ayuda a tomar decisiones que nos permitan adaptarnos con eficiencia y eficacia.

Hay que resaltar que aceptar la realidad no equivale a renunciar a transformarla. Aceptar la realidad significa que no estamos sujetos al padecimiento de la tensión o reactividad emocional propia de la frustración que sentimos porque la realidad no es como queremos que sea y no obedece a lo que nosotros queremos. Significa que no nos identificamos con las interpretaciones inadecuadas que dificultan o impiden que aceptemos la realidad como es y que no caigamos bajo el influjo de las desagradables sensaciones de ansiedad, ira o tristeza concomitantes a la frustración. Más bien, ahorramos esos recursos energéticos y ponemos en marcha nuestra inteligencia para realizar las transformaciones necesarias. Nos comportamos como lo haría un científico, nos rendimos a la realidad y utilizamos la inteligencia para transformarla. Cuando hacemos esto, cuando aceptamos la realidad, no hay fisura alguna entre ella y nosotros. No hay dualidad y esto también proporciona poder y seguridad, aunque ya no es para defendernos de nada, sino para realizar las transformaciones que se consideren necesarias.

El apego

El apego es la otra cara de la moneda y es común utilizar la palabra "apego" como sinónimo de deseo. Nos apegamos a lo que nos resulta agradable y el perderlo nos causa sufrimiento. Es decir, deseamos que no desaparezca lo que nos causa agrado o placer. Sin embargo, en psicología llamamos propiamente apego al vínculo afectivo que establecemos con una persona o cosa. La *teoría del apego* de John Bowlby (1951, 1969, 1973) pone de manifiesto la tendencia que tenemos de establecer lazos afectivos o vínculos entre nosotros, siendo especialmente relevantes aquellos que, durante la infancia, se crean entre las figuras de apego (madres o cuidadores) y sus hijos. Las conductas de apego, tanto en los niños como en los adultos, se emiten con la finalidad de conseguir la proximidad de las figuras de apego en situaciones de inseguridad, miedo, ansiedad, estrés o pérdida.

Desarrollamos este vínculo con nuestros padres o cuidadores en la infancia temprana y perdura, generalizándose a otras personas y a objetos, a lo largo de todo el ciclo vital. El apego facilita la satisfacción de necesidades básicas cuando somos niños (alimentación, cuidado y protección), lo cual contribuye a nuestra supervivencia, pero, también, proporciona seguridad emocional y es esta función de proporcionarnos seguridad emocional, la que fundamentalmente permanece en el transcurso del tiempo, cuando somos adultos. El apego, si bien desempeña un papel biopsicológico favoreciendo la supervivencia durante la infancia, es un vínculo que durante ese mismo periodo y después, cuando adultos, puede degenerar en dependencia emocional. La teoría del apego nos plantea cuatro patrones básicos de apego: 1) Apego seguro (el niño tiene confianza en que sus padres le atenderán cuando se siente en una situación atemorizante, por lo que se sentirá seguro).

2) Apego inseguro resistente (este patrón se instala cuando el niño experimenta un refuerzo parcial y algunas veces es atendido por sus progenitores y otras no y cuando se da una separación entre sus progenitores o hay amenaza de abandono). 3) Apego inseguro evitativo (el niño no espera ser atendido por sus progenitores, los cuales le rechazan cuando busca protección y cuidado en ellos, y el niño aprende a ser emocionalmente autosuficiente). 4) Apego ansioso desorganizado o desorientado, que es una mezcla de los dos apegos resistente y evasivo (Ainsworth et al. 1978).

Este vínculo afectivo no es ajeno a la identificación y a la generalización. Estamos identificados con aquello a lo que nos apegamos y, siquiera la posibilidad de perder a la persona o el objeto al que nos apegamos, nos causa miedo. El apego, generador de dependencia emocional, es, pues, un factor de sufrimiento no solo por la posible pérdida en sí, sino también por el miedo a perder aquello a lo que estamos apegados. Experimentamos el apego y su sufrimiento cuando siendo ya jóvenes o adultos generalizamos ese vínculo, aprendido con nuestros padres o cuidadores en la temprana infancia, a otras personas o a cosas y seguimos esperando que algo o alguien ajeno a nosotros mismos nos proporcione el bienestar psicológico al que aspiramos. Por ejemplo, generalizamos a nuestras parejas el apego natural que hemos desarrollado a nuestros padres, identificándonos nuevamente, pero esta vez con nuestra pareja. Esta generalización nos expone al miedo, a que la persona a la que tenemos apego deje de proporcionarnos lo que esperamos de ella. También, nos expone a la frustración cuando esa persona deja de proveernos el esperado bienestar. El apego puede ser fuente de miedo y frustración, por lo que podemos sufrir ansiedad, ira, rabia y depresión. La dinámica psicológica básica que subyace al apego es la ya conocida de atracción/evitación o agrado/

desagrado. Con nuestras conductas de apego obtenemos refuerzos positivos, lo que hará que las volvamos a emitir en el futuro y, así, se mantienen en el tiempo, pero, a la vez, el apego contiene miedo. Dada esta dualidad, podemos considerar el apego como un factor de probables conflictos internos para el individuo.

El apego es, en definitiva, un patrón de aprendizaje afectivo complejo, tras el que subyace el miedo, que implica varios niveles (emocional, motivacional, cognitivo y conductual) y mediante el cual permanecemos afectivamente identificados con una persona o una cosa durante un tiempo. Aprendemos tempranamente este complejo patrón y, debido a la propiedad de generalización que tiene todo aprendizaje, lo extendemos a personas y objetos más allá del periodo en el que lo aprendimos. Es así que, siendo ya adultos, experimentamos ese apego y la expresión del mismo en sus distintos niveles, resultando que lo que era funcional y adaptativo durante la infancia, cuando realmente necesitábamos del cuidado y de la seguridad proporcionados por otras personas, se torna disfuncional y desadaptativo en un periodo en el que ya podemos cuidar de nosotros mismos y proporcionarnos el bienestar psicológico que necesitamos.

El apego no solo es una consecuencia de la generalización de un aprendizaje, sino, también, de la ausencia de la discriminación necesaria para distinguir entre lo que necesitábamos en una etapa de nuestra vida y lo que necesitamos en la que actualmente estemos viviendo. La ausencia de discriminación facilita que afrontemos los sucesos de nuestra vida actual con patrones psicológicos que aprendimos y que fueron adaptativos en tiempos pasados, pero que pueden ser desadaptativos en el presente. El ignorar esto y desplegar apego cuando ya no corresponde es causa de sufrimiento. También, en el sufrimiento que nos genera el apego interviene, a modo de factor amplificador, nuestra resistencia a la frustración, la cual es aprendida. Si nuestra resistencia a la frustración es baja, nuestro sufrimiento se elevará y nos sentiremos muy desdichados por la pérdida de algo que hemos deseado o querido o por la no obtención de aquello que deseamos.

Reactividad emocional y evitación experiencial

Las emociones son procesos adaptativos de respuesta rápida que, a pesar de la mala prensa de muchas de ellas, nos ayudan a adaptarnos y nos acompañan en todo, pues en toda experiencia podemos encontrar el qualia emocional básico de agrado/desagrado/indiferencia. Todas las emociones nos hablan, nos envían un mensaje a través de las sensaciones corporales propias de cada emoción y de los pensamientos que las acompañan. Hablan de nosotros, de cómo estamos en relación a la situación que estemos viviendo en un momento dado, de cómo es esta situación y, además, informan a los otros de cómo nos sentimos al respecto. Generalmente, no escuchamos esos mensajes y el bucle emoción-pensamientos-acción se dispara sin que prácticamente nos demos cuenta. Las emociones están, también, sujetas a la generalización y a condicionamientos de segundo orden y pueden ser causa de sufrimiento.

Darwin, en su libro *"La expresión de las emociones en el hombre y en los animales"* (1967), introdujo las emociones en el reino de la naturaleza, planteando la existencia de características comunes en la expresión emocional en los individuos de una misma especie e, incluso, interespecie. Expresamos cuatro emociones básicas: miedo, ira, tristeza y alegría, las cuales, aunque en alguna medida pueden ser modeladas por el aprendizaje, son innatas y las características de su expresión no dependen de factores étnicos ni culturales.

Como hemos comentado, las emociones son fuente de información, ya que nos hablan de cómo nos sentimos respecto a una situación, un objeto o una persona y, también, comunican a otras personas ese sentir. Así, la ira nos habla acerca de que nos hemos topado con un obstáculo o un problema y nos proporciona la claridad y la energía, habitualmente usada para hacer un desmán, necesarias para sobrepasar el obstáculo, solucionar el problema que nos limita o frustra. La tristeza, sin embargo, nos cuenta acerca del dolor psicológico ocasionado, frecuentemente, por una pérdida. Ira y tristeza se encubren mutuamente, pues la ira no expresada puede derivar en tristeza y, en ira, la tristeza no reconocida. Por último, la alegría informa que sentimos bienestar y contento en una situación. De las cuatro emociones básicas la más relevante es el miedo y, por ello, le vamos a dedicar un poco más de espacio.

El miedo, a través de desagradables sensaciones corporales, nos dice que la situación que estamos viviendo es una amenaza para nosotros y de que tal vez no dispongamos de los recursos necesarios para salir airosos de ella. El miedo es la emoción raíz, pues está muy estrechamente vinculada a la supervivencia del individuo. Todos lo hemos experimentado en incontables ocasiones y, además, hemos podido verlo subyaciendo a otras emociones, como, por ejemplo, la ira o la tristeza. El miedo es altamente condicionable y susceptible de generalización, así como de condicionamiento supersticioso y de segundo orden, y este hecho da cuenta de gran parte de nuestro sufrimiento. En el plano existencial, solemos hablar de angustia, ese miedo basal que experimentamos simplemente por el hecho de estar vivos, de estar arrojados en este mundo estando sometidos a la pulsión biológica de la supervivencia, la cual encuentra su límite en la muerte. Este miedo nos impele a la búsqueda continua de seguridad en todo lo que vivimos y en muchas personas esta búsqueda constituye un sinvivir.

Lo que ocurre cuando sentimos miedo es que de manera automática el cerebro ha evaluado una situación como peligrosa (esta evaluación puede basarse en un aprendizaje previo que, con frecuencia, no es adaptativo) y ello pone en marcha una reacción de alarma, la cual está constituida por sensaciones corporales desagradables causadas por la cadena de eventos neurofisiológicos y endocrinos vinculada al miedo-ansiedad. Esta vivencia de sensaciones corporales desagradables dispara la necesidad de escapar de ellas y este escape, además de que pueda ser una acción corporal, se realiza en el nivel cognitivo. Es decir, aparecen una serie de pensamientos asociados a ese miedo que hacen que nuestra atención se desplace del plano de las sensaciones corporales desagradables al discurso mental, escapando así de la vivencia de esas sensaciones. Lo que nos está ocurriendo es una evitación experiencial. Nuestra atención acota aquello de lo que somos conscientes y aquello de lo que somos conscientes es lo que experimentamos, lo que vivimos, de manera que acabamos siendo conscientes del discurso mental antes que de las desagradables sensaciones corporales y ello resulta ser una evitación de las mismas. Esta evitación constituye un alivio de lo desagradable o, lo que es lo mismo, un refuerzo positivo: queda reforzado el tener discursos mentales y, por ello, tenderemos a realizar todo este proceso, que incluye un cambio del foco de la atención, en el futuro. Sin embargo, todo este proceso es algo así como pan para hoy y hambre para mañana, ya que no resuelve definitivamente el experimentar miedo en determinadas circunstancias en las que no es necesario experimentarlo y, además, contribuye a perpetuarlo, tanto porque resulta ser reforzante como por el hecho de que esos discursos mentales, que se sienten distintos de las sensaciones corporales, no dejan de ser discursos del miedo y, por ello, generadores que alimentan el mismo miedo.

Comprender (discriminar) lo que una emoción nos está diciendo en una circunstancia dada nos ayuda a autorregular esa reacción emocional, dimensionándola adaptativamente. Asimismo, darse cuenta del mecanismo automático de la evitación experiencial que se desencadena durante la emoción nos va a permitir aceptar lo desagradable (en la vida hay eventos desagradables) sin que necesariamente huyamos de ello y comprobar que esas sensaciones desagradables, que inconscientemente creemos que no podemos soportar, son meras sensaciones y, por tanto, sujetas al devenir de toda sensación: surgir, estar un tiempo y desaparecer.

La anticipación de respuesta

Debido a nuestra capacidad de aprendizaje y a nuestra memoria e imaginación, tenemos la posibilidad de anticipar nuestras respuestas ante un evento determinado que está por venir, ya que "sabemos" lo que va a ocurrir. El recuerdo de sucesos pasados nos permite imaginar escenarios virtuales que mimetizan lo que presumiblemente va a ocurrir en un determinado suceso futuro. De esta forma, pretendemos conocer el futuro por el pasado y esta posibilidad seguramente nos ayuda en muchas situaciones, ya que nos ahorra energía y tiempo. Sin embargo, cuando el recuerdo lo es de un suceso en el que se desencadenaron emociones, la anticipación de respuesta puede acabar siendo disfuncional.

Cuando, por ejemplo, hemos sentido miedo en una circunstancia dada, se puede producir una anticipación del miedo si está previsto que nos volvamos a encontrar en una circunstancia similar, de manera que, tiempo antes de que ello ocurra, experimentaremos ansiedad. Lo que ha ocurrido es que el miedo no solo ha quedado condicionado a la situación en concreto, sino, también, al recuerdo de la misma y, así, cuando sabemos que volveremos a estar en una situación similar (nunca es exactamente la misma), la imaginación, basada en el recuerdo, genera un escenario virtual copia del real. El subsistema cerebral de alarma no discrimina entre lo virtual y lo real y, consecuentemente, se desencadenan las respuestas corporales y cognitivas propias del miedo. La semejanza, en lo fundamental, entre el recuerdo-escenario virtual y la situación que fue real propicia una generalización y acabamos experimentando sufrimiento en forma de ansiedad anticipada. Un proceso análogo ocurre cuando esperamos algo positivo que ya conocemos.

En la anticipación de respuesta están operativos el deseo, el apego, la identificación y la reactividad emocional. Discernir cognitivamente y darse cuenta de que se está bajo el influjo de un escenario virtual que, basado en la conjunción entre recuerdo e imaginación, está desencadenando todos esos procesos es clave para poder iniciar la autorregulación de los pensamientos y las sensaciones emocionales que se producen durante la anticipación.

¿Cómo nos ayuda la práctica de meditación basada en *mindfulness* en la liberación del sufrimiento?

El camino budista para la liberación del sufrimiento, el Óctuple Sendero, nos habla de que, aun siendo muy importante, no basta con la meditación para alcanzar tal fin, sino que esta debe de conducirnos a la sabiduría y esta a un comportamiento ético. Meditación, sabiduría y ética son los tres pilares para la liberación del sufrimiento.

La práctica de meditación basada en *mindfulness* nos ayuda en nuestro malestar psicológico, pero, en lo fundamental, es un camino soteriológico que nos va a ayudar en nuestro crecimiento personal, facilitando que desarrollemos serenidad y propiciando una mirada lúcida y compasiva de la realidad, una mirada no contaminada por los automatismos cognitivos y por la ignorancia. La práctica potencia el darnos cuenta, el estar conscientes de lo que nos ocurre, lo cual nos otorga grados de libertad para elegir y autorregular nuestros pensamientos, emociones, motivaciones y conductas. En definitiva, la práctica de meditación basada en *mindfulness* es un método para llevar sabiduría a nuestra vida. Concretando, la práctica nos proporciona:

- Autorregulación de nuestra atención, al aprender a retirarla de las distracciones y a volver diligente y ecuánimemente al soporte de la atención. Este aprendizaje de autorregulación de la atención es de suma importancia, pues la atención dirige nuestra consciencia y aquello que estamos viviendo en un momento dado es aquello de lo que estamos siendo conscientes.

- Desarrollo de una meta-atención que nos mantiene alerta ante las distracciones.

- Serenidad, calmando la activación corporal mediante la potenciación de la actividad parasimpática del sistema nervioso autónomo.

- Ecuanimidad, aprendiendo a no enjuiciar y a autorregular la reactividad emocional.

- Lucidez, que nos permite ver la realidad tal cual es. Es decir, nuestro cerebro aprende a no confundir (a discriminar) las representaciones virtuales de la realidad, siempre impregnadas de los operadores cognitivo-emocionales de los niveles socio-cultural y biográfico de construcción de la misma, con la realidad (la construcción menos distorsionada y poco alejada de la construcción basal biológica). Cuando el cerebro aprende esto, dejamos de experimentar esa tensión, esa dualidad que experimentábamos cuando nos identificábamos con la interpretación virtual y ocurre que la basal no se correspondía con ella. Lo que aprendemos es a operar desde la interpretación basal biológica, a aceptarla y confiar en ella.

- Sabiduría y capacidad de aceptación (comprensión serena, lúcida y ecuánime) de la realidad, que es producto de un aprendizaje discriminativo inteligente asociado a una desactivación de la tensión que experimentamos corporalmente. Desde el estado *mindful* (consciencia serena, lúcida y ecuánime) podemos ir descubriendo las tres marcas de la realidad en cada fenómeno que se nos presenta, de manera que aprendemos esta comprensión de cómo es la realidad a la par que extinguimos la creencia inmadura de que la realidad ha de ser como nosotros queremos que sea.

A la par que vamos realizando este aprendizaje discriminativo, dejamos de confundir la realidad virtual (interpretaciones distorsionadas) con la realidad (interpretación no distorsionada) y ello implica que los centros cerebrales de evaluación van moldeando su actividad gracias a la plasticidad neuronal y aprenden a discriminar entre la interpretación distorsionada y la correcta de la realidad. El refuerzo de este nuevo aprendizaje, es decir, las consecuencias adaptativas y de bienestar que se experimenta, lo consolidan y mantienen en el tiempo. Cuando somos capaces de aceptar la realidad tal cual es, el apego se debilita y nos damos cuenta de lo innecesario de la reactividad emocional que nos acompaña en muchas situaciones.

Capacidad de observar con lucidez y ecuanimidad las sensaciones corporales que experimentamos, las cuales están asociadas a pensamientos, especialmente las sensaciones de deseo, apego, anticipación de respuesta y aquellas vinculadas a la intencionalidad. Podemos observar cómo nos identificamos con ellas y sus pensamientos asociados. Esta observación ecuánime nos ayuda a no caer en un proceso de evitación experiencial y ayuda a que seamos conscientes del cuerpo y, cada vez antes, de la tendencia a sumergirnos en bucles de pensamiento disfuncional.

- Poder desidentificarnos (desenganchar nuestra atención) de las interpretaciones disfuncionales, dejando de creer en ellas y ello nos facilita que el sufrimiento asociado a esa interpretación disfuncional extinga.
- Desarrollar un bienestar psicológico estable y eudaimónico al desaparecer la dualidad y potenciarse la neuroquímica cerebral que regula la satisfacción del refuerzo positivo y el estado de ánimo.
- Crecer en bondad, ecuanimidad, compasión y alegría.
- Desarrollar conductas altruistas inteligentes basadas en la empatía y la compasión.
- En general, un cambio en la forma en que nos relacionamos con lo que nos sucede y un comportamiento regido por una intencionalidad saludable.

Ignorancia, identificación, generalización y evitación experiencial son procesos psicológicos transversales que subyacen en todas nuestras experiencias de sufrimiento. La meditación basada en *mindfulness* facilita autorregularlos, de manera que podemos llegar a saber: a) Cuándo nuestra interpretación de la realidad es incorrecta y cambiarla por una acorde a cómo la realidad es. b) Cuándo nos estamos identificando con un discurso mental o con cualquier otro fenómeno (objeto, situación o persona) y soltar esa identificación. c) Cuándo estamos incurriendo en una generalización e introducir, entonces, la discriminación inteligente necesaria. d) Cuándo la evitación experiencial está operando y dirigiendo nuestros pensamientos y conductas, pudiendo, entonces, exponernos de una manera protegida e inteligente a aquello que evitamos.

3

Programa de desarrollo personal: Mindfulness Based Mental Balance (MBMB)
Bienestar Psicológico Basado en Mindfulness (BPBM)

Sé una luz para ti mismo.
Siddhartha Gautama

Uno debe ser una luz para sí mismo (...)
Ser una luz para sí mismo significa
no seguir la luz de otra persona.
J. Krishnamurti

***Mindfulness* y desarrollo o crecimiento personal**

Cuando hablamos de desarrollo o crecimiento personal o desarrollo humano, estamos hablando de la realización de actividades que nos van a proporcionar que aprendamos y desarrollemos nuevas habilidades personales conducentes a un cambio beneficioso en nuestra forma de estar en la vida. Es decir, a cambios en nuestra forma de pensar, sentir y comportarnos. Se trata, pues, de un proceso de transformación que resulta en una mejora de la calidad de vida, especialmente de la calidad de vida psicológica.

La meditación basada en *mindfulness* constituye un camino de desarrollo personal que contiene todos los recursos necesarios para que esa transformación personal pueda tener lugar. Si este camino tiene corazón para nosotros y lo recorremos correctamente, podemos acceder a una nueva manera de relacionarnos con nosotros mismos y con el mundo. Esta nueva manera de relacionarnos se caracteriza por estar impregnada de serenidad, paciencia, perseverancia, visión de la realidad tal cual se nos presenta, aceptación de la misma, búsqueda de soluciones inteligentes y compasivas, auto-cuidado físico y psicológico y relaciones humanas más basadas en la compasión y la cooperación que en la indiferencia, el odio y la competición.

Todo cambio personal a fondo es de largo recorrido, pues la adquisición de habilidades nuevas, y que estas lleguen a convertirse en hábitos saludables estables que sustituyan a los que ya teníamos y nos generaban sufrimiento, no se realiza en unas pocas semanas, sino que puede llevar años y, en este sentido, no debemos engañarnos acerca de la meditación basada en *mindfulness*, que, al igual que otros métodos, requiere de practicar correcta y perseverantemente para la obtención de sus frutos.

Espiritualidad, desarrollo personal y mindfulness

Espiritualidad es una palabra que carece de un significado preciso. La palabra espíritu deviene del latín *spirare*, la cual, a su vez, traduce el griego *pneúma* (aliento, respiración). Así, espíritu, parece ser, en principio, una palabra que se refiere a algo material, biológico: la función fisiológica de respirar. Siendo sinónimo de vida, en algún momento de la historia parece que el significado de este concepto cambia de la esfera de lo material a lo inmaterial y se convierte en la referencia a una entidad de carácter no físico que está fuera de lo físico, pero, también, habita en lo físico. A partir de aquí, los significados concretos de *espiritualidad* o condición de ser espiritual varían en función de la religión o doctrina filosófica que se sustente. No obstante, cualquiera que sea el significado concreto, todos los creyentes de una religión o doctrina apuntan a conseguir una mejor calidad de vida en esta vida e, incluso, en otra vida mediante prácticas llamadas "espirituales". También en el budismo, donde la idea de Dios no es necesaria, la práctica del Óctuple Sendero no solo nos sugiere la obtención de calidad de vida actual, sino que también sugiere que positiva nuestro karma de cara a los supuestos sucesivos renacimientos. Visto así, los términos *espiritualidad* y *desarrollo o crecimiento* personal podrán considerarse sinónimos con independencia de si el contexto en el que se desenvuelven es religioso o laico.

Sea como fuere, el planteamiento aquí es que no hay nada más allá de lo psicológico y esta afirmación merece ser aclarada. Sea Dios o lo espiritual una entidad objetivable, se trate de una creencia (pensamiento irracional) consoladora o una conjetura o hipótesis, ello es en todo momento un contenido de nuestra consciencia (un fenómeno de consciencia) y, por tanto, un proceso psicológico subjetivo. Cuando un grupo de personas comparte una misma subjetividad y le pone un nombre, entonces esa subjetividad se torna objetiva para ese grupo, pero esta objetividad es, en definitiva, una intersubjetividad. Decir esto no es sustentar una postura solipsista, sino, en analogía con la alegoría platónica de la caverna, plantear claramente que hay una jaula de la que no podemos salir: nuestra consciencia. Todo cuanto conocemos, sea Dios, el nirvana o un objeto material cualquiera es necesariamente subjetivo y está impregnado de consciencia, de la capacidad de darnos cuenta, y eso subjetivo que conocemos y que llamamos "fenómeno" es una "sombra" construida mediante los tres niveles (biológico, socio-cultural, biográfico) con los que construimos lo que llamamos realidad.

El programa *Mindfulness Based Mental Balance*

El programa *Mindfulness Based Mental Balance* (MBMB) es un programa de desarrollo o crecimiento personal dirigido a facilitarnos un estado psicológico de bienestar estable e independiente de las circunstancias (eudaimónico). Para poder conseguir ese estado es necesario estar psicológicamente equilibrados en cuatro áreas de nuestra vida: la atención, las emociones, las intenciones o motivaciones y las cogniciones o interpretaciones que realizamos acerca de lo que nos sucede. Sin equilibrio en estas cuatro áreas es imposible experimentar un sentimiento de bienestar psicológico estable y eudaimónico.

Siguiendo el programa MBMB, mediante la práctica correcta y perseverante, vamos a aprender a equilibrar o autorregular nuestra atención y este aprendizaje va ser la base para aprender a autorregular nuestras emociones, así como nuestra intencionalidad o motivación, desarrollando motivaciones sanas para nosotros mismos y los demás, y a equilibrar o autorregular nuestros pensamientos y las interpretaciones que realizamos acerca de la realidad. La importancia de aprender a autorregular la atención radica, como hemos visto, en que la atención dirige nuestra consciencia (somos conscientes solo de aquello que atendemos) y aquello de lo que somos conscientes constituye nuestra experiencia, nuestra vida, en un momento determinado, de manera que la atención, debido a su propiedad selectiva, nos puede llevar al cielo o al infierno.

Este planteamiento de MBMB es análogo a lo expresado en el camino budista para la liberación del sufrimiento, el Óctuple Sendero, según el cual la liberación del sufrimiento no es posible sin meditación, sin sabiduría y sin ética, la cual se basa en una sana intencionalidad. El programa de desarrollo personal MBMB, si bien respeta lo esencial de la tradición budista, carece de connotaciones religiosas y ordena y explica las distintas etapas de la práctica desde un punto de vista científico. En este sentido, puede ser practicado por cualquier persona con independencia de su ideología o creencias religiosas.

Algunas personas encuentran MBMB "poco espiritual", pues en él no hallan las palabras habituales que se usan en el lenguaje "espiritual", acerca de las cuales, en general, si se pregunta un poco a fondo, nadie sabe a ciencia cierta qué significan. Tampoco planteamientos de transcendencia o ritos o exigencias devocionales o doctrinales que les generen un sentimiento de pertenencia a algo o de ser seguidores de alguien (sentimientos sectarios) o de estar haciendo algo elitista, todo lo cual proporciona una aparente seguridad. No los encuentran porque no es ese el sentido de MBMB. El sentido de MBMB es, más bien, inmanente y, metafóricamente hablando, podríamos decir que "encontrar a Dios entre los cacharros de la cocina" es una expresión adecuada para describir ese sentido. Poner a disposición de las personas que lo deseen recursos fundamentales necesarios para su crecimiento o desarrollo personal y para que puedan ser una luz para sí mismos es el sentido del programa MBMB. Sin duda, estos recursos no son nuevos, pero están organizados y contemplados desde una actitud laica y científica, aunque perfectamente compatible con cualquier creencia religiosa, pues pertenece a la intimidad del practicante otorgar el sentido de transcendencia en el que crea.

MBMB está organizado en tres niveles de enseñanza. En el nivel I, aprendemos a desarrollar nuestra serenidad y señalamos el estado mindful de consciencia. En el nivel II, estabilizamos dicho estado de consciencia y vamos practicando con él en la vida diaria. Además, aprendemos a autorregular nuestras emociones y nuestra intencionalidad desde ese estado. En el nivel III, ejercitamos una consciencia *mindful* sin elección, el estado de presencia y sentamos unas bases sólidas para realizar la autorregulación o reestructuración cognitiva.

En la enseñanza ordinaria de MBMB cada uno de los niveles cuenta con 33 horas de enseñanza presencial, fundamentalmente práctica, distribuidas en 4 sesiones al mes de 1 hora cada una (1 a la semana) de enseñanza. Aunque se puede enseñar de forma intensiva, el emplear para cada nivel un curso académico de 9 meses favorece que los alumnos dispongan de suficiente tiempo para compaginar el aprendizaje de la práctica con sus obligaciones diarias y, a la vez, disponer de un periodo razonable para practicar individualmente lo enseñado y saber las dificultades que encuentran al practicar.

Durante las sesiones, la enseñanza práctica presencial está precedida de contextualizaciones teóricas concisas y, también, se realiza, al menos, una puesta en común en cada sesión, a fin de comentar y dar solución a las dificultades que se pueda, tanto durante la sesión presencial como en la práctica individualizada. Es muy recomendable que los alumnos completen la enseñanza presencial con un mínimo de 1 hora más de práctica individualizada a la semana, ya que la perseverancia es una de las claves para lograr objetivos. La práctica de meditación es un aprendizaje y, como en todo aprendizaje, el desarrollo de la habilidad depende de la perseverancia, de la dedicación y de una guía correcta. El propósito de MBMB es aprender a procurarnos bienestar psicológico a nosotros mismos y a los demás. No podemos ser felices si no estamos psicológicamente equilibrados. Mediante el programa MBMB equilibramos nuestra atención y nuestras emociones, motivaciones y cogniciones.

La práctica paso a paso

La práctica de meditación basada en *mindfulness* tiene sus raíces en las enseñanzas de Siddhartha Gautama, el Buda histórico, y, principalmente, en las vertidas en el Satipatthana Sutta y en Anapanasati Sutta. En términos generales, podemos decir que en el budismo hay dos formas de meditación que se complementan: meditación de serenidad (*samadhi*, concentración) y visión cabal (*vipassana*), cuyo fundamento es la práctica de *sati* (*mindfulness*). Ambas formas de meditación constituyen un tronco común y están presentes en el budismo Theravada, Chan, Zen y en las corrientes del budismo tibetano, como el Vajrayana, el Mahamudra o el Dzogchen.

Durante la práctica de serenidad la atención se engancha al objeto de meditación (p.e. la respiración, el cuerpo, una vela, una imagen o un sonido), concentrando la consciencia en él, excluyendo todo lo demás y volviendo diligente y ecuánimemente al objeto de meditación cada vez que nos distraemos, lo cual supone que hay una meta-atención operativa que nos alerta cuando nos distraemos. Durante la práctica de la visión cabal, el meditador observa con una atención que no excluye nada, sino que permite que la consciencia se pose lúcida y ecuánime, sin juicio alguno, sobre los distintos fenómenos que aparecen sin apegarse o rechazarlos, pero dándose cuenta de alguna de las tres marcas de la realidad (impermanencia, contingencia o vacío. El meditador va cultivando momento a momento una atención vigilante (meta-atención) y, si se distrae, recuerda volver a aplicar la atención plena a los fenómenos que van emergiendo en el campo de consciencia. Es parte fundamental de esta práctica la contemplación de las características de impermanencia, vacío e insatisfacción que tienen los fenómenos físicos y mentales.

Existen distintas maneras de practicar meditación basada en *mindfulness* y, por lo tanto, de enseñarla, pero todas siguen el esquema general de *serenidad-vipassana* que hemos descrito. En el ámbito de la meditación *vipassana*, el estado *mindful* de consciencia (estado de no-yo) acaba siendo desvelado en algún momento de la práctica, pero el maestro o instructor no señala previamente ese estado. En el ámbito del Chan o del Zen los maestros a veces señalan dicho estado *mindful* de consciencia

(*Mente Original o Gran Mente*), pero suelen hacerlo de una manera que puede que los discípulos no se den cuenta de dicho señalamiento. En la tradición Dzogchen, sin embargo, el maestro inicia a los discípulos en el estado mindful (Estado Natural de Consciencia), señalándolo de manera simbólica. Una vez que el discípulo ha reconocido el estado natural de consciencia, su práctica consiste, básicamente, en ir impregnando su vida con él. En el programa MBMB, seguimos la táctica didáctica del Dzogchen de señalar inicialmente el estado *mindful*, pero este señalamiento no se realiza mediante símbolos, sino a través del cuerpo, en concreto, a través de la fisiología de la respiración. El instructor o facilitador señala el estado *mindful* de consciencia, el cual, una vez reconocido, se va interpenetrando en la vida diaria siguiendo las instrucciones adecuadas.

Desde 1999, que empecé a dirigir un taller permanente de meditación en la Facultad de Psicología de la UNED, la forma de enseñar la práctica se ha ido remodelando en aras de hacerla más asequible y comprensible a personas que, si bien buscan una solución al sufrimiento que experimentan y un cambio relevante en sus vidas, no disponen de mucho tiempo al día para dedicarlo a la misma. Cuando se tiene en cuenta esta realidad, se hace necesario describir la práctica paso a paso y de forma detallada, dando las explicaciones necesarias para hacerla más comprensible. El hacerlo así proporciona seguridad al practicante y evita que se pierda debido a la ambigüedad de las instrucciones. El programa MBMB es consecuente con esa dilatada experiencia y la necesidad de transmitir instrucciones precisas y ordenadas secuencialmente. Experimentar bienestar psicológico estable y autónomo de las circunstancias es difícil sin tener equilibrio emocional, motivacional, cognitivo y atencional. La práctica de meditación basada en *mindfulness* que se enseña en MBMB está estructurada para desarrollar ese equilibrio psicológico que nos reporta un bienestar eudaimónico.

Nivel I: El desarrollo de la serenidad y señalamiento del estado *mindful* de consciencia

Instrucciones para la práctica

Sobre la postura de meditación

La práctica formal de meditación puede ser realizada en distintas posturas. Podemos estar sentados, tumbados, de pie o caminando, aunque las más comunes son sentado y caminando. Podemos meditar sentados sobre un cojín de meditación en postura de loto, medio loto, cuarto de loto o birmana. Podemos meditar de rodillas, asentando los glúteos en un banquito de meditación o en un cojín. También, podemos hacerlo sentados en una silla.

Cuando nos sentamos para meditar, sea en la postura que sea, nos sentamos como si fuésemos una montaña. Lo importante es mantener: 1) La espalda erguida sin esfuerzo (una espalda erguida nos facilita el intercambio de gases durante la respiración y simboliza que estamos erguidos ante las vicisitudes de la vida). 2) El mentón suavemente recogido hacia dentro (lo que hace que la mirada baje y la nuca se estire levemente). 3) Los brazos y las manos reposando sin tensión sobre los muslos o en el regazo (manos y brazos acumulan mucha tensión y conviene que estén relajados). 4) Las piernas y los pies, relajados, perpendiculares al suelo (si nos sentamos en una silla).5) La lengua tocando suavemente el paladar superior. 6) Una suave sonrisa que distienda los maxilares, que acumulan también mucha tensión y 7): Quedar inmóviles una vez que hayamos adoptado la postura y nos sintamos cómodos en ella.

En cuanto a los ojos, cada tradición da una instrucción distinta (p.e., en *vipassana* se cierran, en el zen se tienen semientornados, mientras que en el Dzogchen se mantienen abiertos) por lo que sobre este aspecto no vamos, por ahora, a hacer ninguna recomendación, aunque suele suceder que, al principio, el practicante necesite mantenerlos cerrados para facilitar la concentración y la interiorización, pero puede que, con el tiempo, tienda, de forma espontánea, a mantenerlos semi-entornados o abiertos.

Sobre el tiempo y el lugar

¿Cuándo meditar sentados? Cualquier momento del día podría ser oportuno, sin embargo, las primeras horas de la mañana o las últimas de la tarde pudieran ser las de nuestra elección, en función de nuestras posibilidades y de nuestro ritmo circadiano. Si somos alondras (madrugamos y nos sentimos despejados y activos desde primera hora de la mañana, mientras que al final de la tarde empezamos a necesitar descansar y nos vamos pronto a dormir), las primeras horas de la mañana puede que nos sean más propicias. Por el contrario, si somos búhos, la última hora de la tarde puede ser nuestra elección, pues nos cuesta levantarnos y no empezamos a sentirnos despejados y activos hasta bien entrada la mañana, estando más activos a última hora de la tarde y por la noche.

En cuanto al tiempo a invertir en la práctica formal diaria, es mejor irlo ajustando a nuestras posibilidades. Lo estándar son periodos de veinte o veinticinco minutos de meditación sentada, intercalando periodos cortos de meditación caminando cuando se realizan dos o más periodos de sentada. Sin embargo, es recomendable que los principiantes empiecen por periodos cortos de cinco o, máximo, diez minutos y vayan, poco a poco, incrementando el tiempo que dedican a la meditación formal, realizando la práctica siempre más o menos a la misma hora. En relación con la práctica informal (la que se realiza durante la vida cotidiana), cualquier momento y actividad que estemos realizando son adecuadas para la práctica.

En cuanto al lugar, cualquier lugar podría ser válido, pero, si elegimos un sitio en el que nos sintamos cómodos, nos será más fácil adquirir el hábito de meditar. El generar un condicionamiento de lugar y tiempo, es decir, realizar la práctica formal siempre en el mismo sitio y sobre la misma hora nos ayuda, sobre todo al principio, a adquirir el hábito de practicar *mindfulness*.

La manera en que la atención funciona

Como ya hemos comentado, el proceso psicológico de la atención se caracteriza por tres movimientos básicos. La atención, primero, se orienta hacia un objeto o estímulo. Después, engancha dicho objeto y, aún después, lo desengancha para quedar libre y poder volver a iniciar el ciclo "orientación-enganche-desenganche". Durante la práctica de serenidad la actividad atencional que cultivamos es el enganche: se presta atención al soporte que hayamos elegido y se excluye todo lo demás, especialmente los pensamientos. Es una práctica de concentración. Sin embargo, durante la práctica de consciencia sin elección predomina la actividad de desenganche, de manera que la atención "toca o engancha" cualquier fenómeno que aparezca en el campo de consciencia, pero lo desengancha, es decir, no se queda enganchada ni se identifica con alguno de ellos, fundamentalmente con los pensamientos. Soltamos.

Sobre el soporte de la atención

Los soportes que se pueden usar para la atención durante la meditación son objetos con forma (la respiración, una vela, una imagen, etc.) o un objeto sin forma (la ecuanimidad, el amor, etc.). En nuestra práctica, durante la etapa de desarrollo de la serenidad, vamos a emplear la respiración como soporte.

La respiración tiene dos ventajas frente a otros soportes: 1) Estemos haciendo lo que estemos haciendo, está siempre con nosotros, de manera que siempre existe la oportunidad de posar la atención en ella. 2) Está íntimamente asociada, a través del sistema nervioso autónomo, a nuestros estados emocionales, por lo que podemos influir en ellos a medida que nuestra respiración va cambiando.

Sobre la actitud

Todos empezamos a hacer meditación por algún motivo. Puede ser una búsqueda espiritual, puede que queramos rebajar nuestro estrés o que nos ayude en una enfermedad, que estemos hartos de nosotros mismos y queramos cambiar o por mera curiosidad. Siempre hay un propósito, un objetivo que queremos conseguir cuando empezamos a meditar. Este hecho puede dificultar nuestra práctica, bien porque ponemos un esfuerzo excesivo para alcanzar la meta que nos hemos propuesto lo antes y mejor posible, bien porque creamos que no cumplimos con el objetivo y nos desanimemos. Para evitar esto, lo mejor es practicar como si no tuviésemos objetivo alguno a la hora de hacerlo. Simplemente, practicamos y cada sesión de práctica tiene sentido por sí misma. Esta actitud relaja la tensión que podamos estar poniendo en la práctica y evita el desánimo que puede sobrevenir por creer que no alcanzamos la meta o tardamos mucho en hacerlo.

Obstáculos y efectos secundarios

El sueño es uno de los obstáculos que con más frecuencia encontramos, sobre todo si meditamos a última hora de la tarde o por la noche, cuando ya estamos cansados. Sobre todo, el sueño se origina por cansancio, pero, también contribuye que, a medida que nos vamos serenando, llegamos a un punto de calma que es justo el que experimentamos en los momentos anteriores a dormirnos y, como estamos acostumbrados a dormirnos, cuando alcanzamos ese punto, nos dormimos. Los antídotos contra el sueño son básicamente tres: 1) Abrir los ojos cuando nos demos cuenta de que nos estamos durmiendo. 2) Repasar la postura, lo que implica escanear el cuerpo para verificar que mantenemos la postura correcta. 3) Dirigir la mirada hacia arriba, sin elevar la cabeza.

Estos procedimientos refrescan la atención y ayudan a despejarnos. No obstante, en el caso de que estemos practicando solos, si nos entra sueño y tras intentar varias veces espabilarnos no lo logramos, lo sensato es dejar la meditación e irse a dormir. De esta manera evitamos que se produzca un conflicto inútil del tipo "quiero, pero no puedo".

Otro de los obstáculos que solemos encontrar, sobre todo cuando estamos realizando práctica de serenidad, es perder la corrección de la postura a medida que transcurre el tiempo de la sesión de meditación. Sin darnos cuenta, nos vamos inclinando hacia delante, nos envaramos o alguna parte del cuerpo se tensa. Por ello, es conveniente escanear periódicamente la postura durante las sesiones de meditación. Detectamos en qué la postura no es correcta y lo corregimos lenta y conscientemente. Después, volvemos a la práctica que estemos realizando.

También, podemos experimentar aburrimiento, dudas, agitación mental, orgullo o un excesivo esfuerzo en estar atentos que resulta en una hipervigilancia innecesaria. Reconoceremos estos impedimentos y los iremos reduciendo con la práctica. Si nos damos cuenta de que nuestra atención es tensa, la suavizaremos introduciendo una actitud amable y bondadosa. Si nos sentimos agitados, observaremos si la agitación se refleja en alguna parte del cuerpo y la relajaremos, además de soltar el discurso mental y volver a atender amablemente la respiración. Puede que nos asalten dudas. Nos daremos cuenta, entonces, de ellas y miraremos si tienen una base real o son producto de nuestro perfeccionismo.

El aburrimiento, y el orgullo son también obstáculos en la práctica. Transcender el aburrimiento es uno de los aprendizajes vitales que nos conviene acometer. El aburrimiento se produce porque creemos que la práctica no es algo suficientemente valioso y/o porque nuestra atención no es lo suficientemente curiosa como para que nos demos cuenta de que, por ejemplo, cada respiración tiene su propio matiz y es distinta a la anterior y a la que vendrá. El orgullo, por su parte hace que nos creamos superiores a los demás por practicar meditación e, incluso, creernos iluminados por haber tenido una experiencia de las que describimos más abajo. Nos hacemos conscientes del orgullo, de cómo se despliega y de que está al servicio de una autoimagen que necesitamos compensar. Necesitamos ser mejores, o distintos para sentir más autoestima.

El empleo de la meditación como evitación o escape de la realidad es, asimismo, un gran obstáculo. Como veremos más abajo, la práctica puede proporcionarnos momentos de alegría, gozo, arrobamiento y éxtasis. Estas experiencias son placenteras y podemos llegar a utilizar la práctica para experimentarlas y evadirnos de una realidad presente que no nos gusta. Es un grave error, pues reducimos el sentido de felicidad al hedonismo del placer, placer sutil, eso sí, pero placer. La práctica no está diseñada para eso. El sentido de la práctica es posibilitar una felicidad eudaimónica que implique conocimiento de nosotros mismos y comprensión de la realidad y que se fundamente en nuestras virtudes. La práctica no es una mera evasión de la realidad o compensación de una realidad que no nos gusta.

En cuanto a los posibles efectos secundarios, algunas personas durante la práctica de serenidad pueden experimentar sensaciones diversas, tales como ver luces de colores y/o figuras geométricas, ver auras, oído agudizado, sensaciones de liviandad o ingravidez, dejar de sentir alguna parte del cuerpo, sentir alegría inmotivada, arrobamiento, éxtasis o disociarnos de la realidad externa. Estas experiencias indican que nos vamos serenando o que nuestra serenidad está bastante desarrollada. Sin embargo, no debemos creer que ya está todo hecho. No debemos apegarnos a ellas, buscándolas en cada periodo en el que nos sentemos a meditar y creyendo que estamos practicando mal si no surgen. Por el contrario, vamos a ser conscientes de ellas cuando se den y vamos a volver a posar la atención en el soporte de la práctica. Estas experiencias, que aparecen espontáneamente, tienden a desaparecer con el tiempo si no nos apegamos a ellas.

La práctica de meditación basada en *mindfulness* del programa MBMB que vamos a describir detalladamente consta de tres fases: serenidad, señalamiento del estado de consciencia o estado *mindful* y práctica de dicho estado. A su vez, cada una de estas fases consta de distintas etapas. Puesto que cada etapa se apoya en la precedente, es importante no pasar a la etapa siguiente si no hemos adquirido suficiente maestría en la anterior.

El desarrollo de la serenidad

Mediante la práctica de serenidad, nuestra mente, comúnmente agitada aún cuando estamos descansando, se irá silenciando paulatinamente. Como hemos dicho, es frecuente que, cuando estamos iniciándonos en la práctica de serenidad, experimentemos sueño. Si nos ocurre esto, ponemos en práctica los antídotos ya descritos y, en caso posible, nos vamos a dormir, evitando un conflicto innecesario. También, hemos comentado que, en algunas personas, pueden aparecer ciertos efectos secundarios. Si no aparecen en nosotros, esto no significa que nuestra práctica no esté bien encaminada. Es más, para algunas personas, estos efectos secundarios son verdaderos obstáculos que frenan el desarrollo de su práctica, ya que se apegan a ellos.

Etapa 1. La atención a la respiración y la regla No R – No R

Una vez adquirida la postura, vamos a realizar tres respiraciones completas, exhalando por la boca e imaginando que, al exhalar, nos deshacemos de las tensiones previas a la práctica. Con esta acción, además, simbolizamos que entramos en un momento distinto del día, en un momento para nuestro cuidado y bienestar psicológico.

Después, posamos la atención en la respiración. No es una atención tensa, sino suave y curiosa. La respiración es un conjunto de sensaciones y posamos la atención donde mejor sintamos la respiración. Puede que sea en el área de las fosas nasales-labio superior (fresquito-calentito), puede que sea en el movimiento de expansión-contracción del tórax o el abdomen debido al ascenso y descenso del diafragma, o en el recorrido del aire por el tracto respiratorio o en esa sensación sutil de plenitud que se experimenta al inspirar cuando los pulmones están llenos y de laxitud o alivio cuando se vacían al exhalar. Allí donde mejor o más cómodo resulte sentir la respiración, allí posamos esa atención amable y curiosa. No es una práctica de yoga y, por ello, no respiramos de ninguna manera especial. La respiración es un reflejo que no necesita de nuestra intervención voluntaria para que tenga lugar. Simplemente, dejamos que suceda y estamos atentos. Atendemos con suavidad allí donde mejor la sintamos. La respiración que tengamos está bien, la aceptamos y, con esa aceptación, aceptamos lo que somos en ese momento.

Durante la práctica de serenidad, la desidentificación (desenganche) de nuestros pensamientos (sean del presente, del pasado o del futuro, inteligentes o estúpidos, agradables o desagradables), de ese flujo continuo discursivo-emocional, es fundamental. Nos ejercitamos en desarrollar la habilidad de abandonar esa mente de mono que continuamente divaga, que, cual mono salta de rama en rama, va de un tema a otro. A tal efecto, la regla No R – No R es de vital importancia. Mientras estamos sentados prestando atención a la respiración, empezarán a surgir pensamientos y la atención, siguiendo el hábito ya adquirido, se desenganchará de la respiración y se identificará con ellos, yendo de un pensamiento o discurso a otro. Es en este momento de la práctica cuando No R – No R entra en juego. No nos decimos No R – No R, sino que aplicamos lo que No R – No R significa. No R – No R significa *no resistirse, no rendirse*. Los pensamientos van emergiendo espontáneamente, pero no nos resistimos a ello, no nos sentimos incómodos por ello, no intentamos no pensar (hacer esto provocará que nuestra práctica sea muy tensa). Ese surgir no nos genera malestar y no reprimimos los pensamientos. Aceptamos que los pensamientos irrumpan en el campo de consciencia, pero, a su vez, no nos rendimos a ellos. Todo lo contrario: utilizamos el darnos cuenta de que estamos pensando y de cualquier distracción como recordatorio de que hemos de tornar a posar (enganchar) suavemente la atención a la respiración y lo hacemos con ecuanimidad, sin perder tiempo y energía en criticarnos por habernos distraído. Si estoy pensando, en el momento en el que me doy cuenta de ello, recuerdo, entonces, volver a depositar la atención en la respiración y lo hago sin juicio alguno, con una actitud afable. De esta forma vamos liberando los pensamientos a medida que somos conscientes de su presencia. Es interesante darse cuenta de que, cuando retiramos la atención del discurso mental y la dirigimos nuevamente a la respiración, aquello que estuviéramos pensando se disuelve, ha desaparecido de nuestro campo de consciencia, lo cual significa que es la atención lo que sostiene el pensamiento enganchándose a él.

Con el tiempo, somos capaces de darnos cuenta inmediata de los pensamientos en el momento justo que emergen. No es que liberemos el pensamiento y recojamos la atención en su soporte, sino que el hecho de darnos cuenta de que estamos divagando y que, justo en ese momento, recordemos que hemos de reenfocar la atención en su soporte y lo hagamos de una forma diligente, ecuánime y amigable constituye ya la liberación del pensamiento. Este continuo soltar el discurso mental para retornar al soporte de la atención, en nuestro caso la respiración, cultiva la paciencia con nosotros mismos y, por ende, con los demás y, también, fortalece nuestra perseverancia y disciplina.

Puede que para algunas personas pueda resultar difícil darse cuenta del pensamiento y, sin más, seguir la regla No R-No R. Es este caso, pueden emplear un procedimiento más clásico que consiste en la secuencia siguiente: me doy cuenta de que estoy pensando en lo que sea y, entonces, reconozco que me he distraído y me digo "pensando, pensando" o "distracción, distracción" y, aplicando No R-No R, volver a dirigir ecuánimemente la atención a la respiración y comprobar que, cuando se retira la atención del discurso mental, este se evapora.

En esta fase de la práctica liberamos todos y cada uno de los pensamientos o discursos mentales que emerjan, sin hacer distinción alguna, pues se trata de extinguir ese hábito adquirido de "aparece un pensamiento, me lo creo, le hago caso y acabo viviendo la vida que ese pensamiento me representa" y remplazarlo por una regulación ejecutiva del discurso mental, aprendiendo a desidentificarnos, liberando el pensamiento a voluntad y conscientemente. Estamos cambiando la forma en que nos relacionamos con nuestros pensamientos, cambiamos la identificación por la desidentificación.

Durante la práctica formal y durante la práctica en la vida cotidiana, No R – No R hace que desarrollemos una meta-atención que iremos aplicando no solo a los pensamientos, sino a cualquier otro evento que nos distraiga y desenganche la atención del soporte de la respiración, por lo que va a ser una regla que nos va a resultar muy útil y que no vamos a abandonar durante todas las etapas del aprendizaje de práctica. Además, con No R – No R aprendemos a soltar, primero, el discurso mental (la mente de mono), después, soltaremos los deseos e intenciones no saludables, los estados emocionales que causan sufrimiento y la necesidad de tenerlo todo bajo control, necesidad que no nos permite una actitud vital relajada y experimentar bienestar.

Cultivamos la ecuanimidad y una actitud afable y bondadosa, que no condescendiente, con nosotros mismos. Difícilmente podremos ser compasivos con los demás si no hemos aprendido a serlo con nosotros mismos. Recordad: si me he distraído, entonces recuerdo volver a poner la atención en el soporte y lo hago con diligencia, ecuanimidad y una actitud afable.

De vez en cuando repasamos la postura, verificamos si aún mantenemos la espalda erguida, el mentón suavemente recogido hacia dentro, los brazos y las manos distendidas y reposando en el regazo o en los muslos, las piernas y los pies perpendiculares al suelo, la lengua tocando el paladar superior y la sonrisa. Modificamos conscientemente lo que sea preciso modificar y volvemos a la práctica. Es muy recomendable realizar esta acción de repasar la postura periódicamente durante las distintas etapas de la práctica.

Etapa 2. Realizando anotaciones

Para ayudarnos a mantener la atención en la respiración, podemos hacer, en silencio, breves anotaciones verbales a lo largo de la inspiración y de la exhalación. Podemos decirnos "inspiro", "expiro" o, simplemente, "in", al inspirar, y "out" o "ex", al espirar o "dentro, fuera" o "un, dos". No obstante, seguimos aplicando No R – No R cuando sea necesario, es decir, cada vez que nos damos cuenta de que estamos pensando, de que se nos ha ido "el santo al cielo". La eficacia de estas anotaciones a la hora de disminuir la divagación mental se fundamenta en el hecho de que la vía motora final común del pensamiento-lenguaje no puede estar ocupada en dos pensamientos-discursos a la vez, de manera que no podemos estar pensando (hablar subvocalmente) y, a la par, pronunciando en silencio esas anotaciones. Al tener esa vía final del pensamiento-lenguaje ocupada en las anotaciones, la actividad de la "mente de mono" disminuye. Además, a la par que vamos pronunciando en silencio la anotación que hayamos escogido para la inspiración y la exhalación, la vamos escuchando. El hacer esto contribuirá a esa disminución de la frecuencia de pensamientos intrusivos. El fundamento neurofisiológico de los efectos de esta práctica radica en la manera en que se relacionan entre sí las dos áreas cerebrales (sensorial y motora) que se ocupan del pensamiento-lenguaje, las cuales están interconectadas entre sí a través del fascículo arqueado. Estas áreas tienen la propiedad de inhibirse mutuamente, de manera que, mientras el área sensorial está activa (escucha atenta), el área motora, la que produce el lenguaje (habla o pensamiento) entra en ocio relativo, es decir, se desactiva, en este caso parcialmente, pues existe la actividad necesaria para emitir las anotaciones elegidas. Igualmente, cuando el área motora está activa, el área sensorial entra en ocio relativo, de manera que, si nos hablan en ese momento no nos enteramos bien de lo que nos están diciendo o ni siquiera lo oímos.

Sin embargo, cuando la mente está muy agitada es posible que No R – No R y las anotaciones puedan ser insuficientes. En estos casos podemos recurrir a alguno de los tres procedimientos que vamos a describir a continuación. El primero de ellos consiste en preguntarle al discurso mental que secuestra toda nuestra atención *¿Y tú, de dónde vienes?* Formulamos esta pregunta y nos quedamos como escuchando atentamente, como si el discurso mental fuese a contestar y, entonces, prestamos atención y nos damos cuenta de que, justo después de la pregunta, nuestra mente está en silencio. Si caemos en la trampa de contestarnos, entonces, como es un pensamiento, volvemos a hacer la pregunta. La clave está en quedarse escuchando como si fuera a haber respuesta y hacernos conscientes de que la mente, en ese estar escuchando, está en silencio. El segundo consiste en solicitar al discurso mental que ha secuestrado la atención que hable. Lo hacemos de forma amable. Podemos decirle *habla, te escucho* y nos ponemos a escuchar atentamente lo que tuviera que decir. Al igual que en el primer procedimiento, la mente se torna silenciosa y nos hacemos conscientes de esa calma mental y, también, si caemos en la trampa de contestarnos, volvemos a exhortar al pensamiento que hable porque le vamos a escuchar. Estos dos procedimientos para ayudarnos cuando la mente está muy agitada se basan en esa relación, ya descrita, que mantienen las áreas cerebrales del lenguaje, la receptiva (escucha) y la motora (habla).

Por último, un tercer procedimiento que podemos emplear es decirnos en qué estamos pensando. Supongamos que el pensamiento sobre un conflicto que he tenido recientemente tiene atrapada mi atención y soy presa del movimiento emocional que acarrea, entonces, siendo consciente de ese discurso mental, puedo decirme *pensando en* (lo que sea que estemos pensando). Así, no solo nos damos cuenta del discurso mental que estemos teniendo, sino que, al repetirnos a nosotros mismos aquello que estábamos pensando, pasamos a tener una regulación ejecutiva (voluntaria) de nuestro discurso mental y, a la par, lo interrumpimos, extinguiéndolo en ese instante. Sin dejar de ser conscientes del discurso que nos causa sufrimiento, no nos rendimos a él, sino que le interrumpimos y llevamos de nuevo la atención a la respiración.

Etapa 3. La atención a la exhalación

Cuando sentimos que nos vamos serenando, abandonamos la respiración y las anotaciones y empleamos la exhalación como soporte de la atención, de manera que somos completamente conscientes de ella. Somos conscientes del inicio de la exhalación, de su recorrido y de su final. No dejamos de seguir aplicando No R – No R, retornando a la exhalación siempre que nos hayamos distraído. Al centrar la atención en la exhalación potenciamos la actividad del sistema nervioso autónomo parasimpático y, con ello, el desarrollo de nuestra serenidad.

Etapa 4. Contando las exhalaciones

Para ayudarnos a que la atención se centre en la exhalación, empezamos a contar las exhalaciones en ciclos de 5. Exhalo y cuento 1, exhalo y cuento 2 y, así, sucesivamente, hasta 5 y, después, empiezo otra vez en el 1. También, puedo pronunciar en silencio el número de la cuenta que toque en cada momento a la par que exhalo. Los ciclos se pueden ir, paulatinamente, agrandando a contar 6, 7, 8, etc. espiraciones por ciclo y, también, incrementando el número de ciclos.

Durante esta etapa, la regla No R – No R cambia un poco. Si detecto un pensamiento en el campo de consciencia, recojo de nuevo la atención en la exhalación y, si no he perdido la cuenta, sigo contando. Si me he distraído y he perdido la cuenta, vuelvo a posar la atención en la exhalación y empiezo a contar en el 1.

Si me sorprendo contando y pensando a la vez, retorno con la atención a la exhalación y empiezo a contar el ciclo desde el 1.

Contar las exhalaciones es una etapa de la práctica que, pudiendo llegar a ser algo tediosa, es muy eficaz a la hora de ayudarnos a concentrarnos y mantener la atención anclada en la espiración.

Etapa 5. Pronunciando la sílaba Ah mientras exhalamos

Cuando, con el tiempo, el ejercitarse en contar las exhalaciones nos ha conducido a un mayor sentimiento de serenidad, abandonamos la práctica de contar, pero no la de atender a la exhalación. Prestamos atención a la exhalación (inicio, recorrido y final) y, a la par, pronunciamos en silencio la sílaba *Ah* (suena como una *a*) a lo largo de todo el curso de la exhalación. La sílaba *Ah* es usada como mantra en el ámbito del budismo tibetano, pero, para nosotros, el sonido *a* carece de significado simbólico, es un sonido neutro. De esta manera vamos asociando un sonido neutro a la serenidad, creando un condicionamiento que nos permitirá en el futuro entrar en un estado de serenidad simplemente exhalando y emitiendo en silencio el sonido *Ah*. Al introducir el sonido *Ah* la actividad del área motora del pensamiento estará ocupada en pronunciar dicho sonido, por lo que se inhibe la aparición de discursos mentales y, con ello, la divagación, dado que, como ya hemos dicho, la vía final motora de esas estructuras (la fonación) solo puede estar ocupada en emitir un sonido a la vez. A su vez, como también hemos visto, escuchamos atentamente ese sonido *Ah* que nosotros mismos estamos pronunciando, lo que contribuirá a experimentar calma mental y silencio a excepción, claro está, del sonido *Ah*. No obstante, si aparecen pensamientos o nos distraemos, aplicamos No R – No R, volviendo a prestar atención a la exhalación y a pronunciar el sonido *Ah*.

Durante esta etapa nos serenamos aún más, reduciéndose significativamente la *mente de mono* y propiciando la aparición de momentos claros de paz mental. Recordamos, de vez en vez, repasar la postura.

*Etapa 6. Descubriendo el punto de quietud
(el punto de la exhalación)*

Estando atentos a la exhalación y emitiendo silenciosamente el sonido *Ah*, observamos que, al final de la exhalación y justo antes de que, de forma natural y espontánea, se inicie la inhalación, hay una breve pausa, un pequeño intervalo entre el final de la exhalación y el inicio de la inspiración. Esta pausa, que es una pausa fisiológica debida a la latencia que necesita el diafragma para recuperarse e iniciar la entrada de aire a los pulmones, se denomina, en la práctica, el *punto de quietud*. Nuestra práctica durante esta etapa va a consistir en posar la atención en la exhalación, emitiendo a la par el sonido *Ah* y hacernos conscientes, sin manipularlo, de la existencia de esa pausa fisiológica, del punto de quietud.

Señalando el estado mindful de consciencia

Etapa 7. El vacío o quietud mental

Seguimos realizando la práctica de la etapa 6 abandonándonos un poco al final de la exhalación. Exhalamos emitiendo el sonido *Ah* y, al final de la exhalación nos dejamos ir un poco, tomando consciencia del punto de quietud y dándonos cuenta de cuál es el estado de nuestra mente en ese punto: nuestra mente está vacía, en silencio. Está en paz y quieta. Hay silencio mental, una ausencia radical de pensamientos. Este momento puede ser de un gran alivio, pues, ¡por fin!, nuestra mente se ha callado y sentimos la tan anhelada paz mental. Es importante que no manipulemos este momento, que no intentemos intencionalmente prolongarlo, sino simplemente, abandonarnos un poco al final de la exhalación. No es necesario manipularlo, pues, una y otra vez, llegaremos a ese punto-estado de quietud mental al final de cada exhalación. Nos hacemos conscientes de que esto es así y, por descontado, si aún llega alguna que otra distracción, recurrimos a No R – No R, de manera que liberamos la distracción recogiendo nuevamente la atención en la exhalación, pronunciando el sonido *ah*, siendo conscientes del punto de quietud y del estado de mente pacificada que podemos observar en él.

Etapa 8. El segundo punto de quietud (el punto de la inhalación)

Durante esta etapa, seguimos practicando lo descrito en la etapa anterior. Seguimos prestando atención a la exhalación y pronunciando el sonido *Ah* mientras exhalamos, abandonándonos un poco al final de la exhalación. Nos damos, también, cuenta del estado calmo y vacío de la mente que aparece en el punto de quietud y, entonces, al inspirar, inspiramos esa quietud, es decir, prolongamos el silencio mental durante la inspiración y nos percatamos de que, al final de la misma hay otro breve intervalo entre el final de la inhalación y el principio de la exhalación: el segundo punto de quietud. Este, al igual que el primero, se caracteriza por la experiencia de una mente vacía, quieta, silenciosa. Experimentamos paz mental y tampoco manipulamos este punto de quietud.

Puede que este segundo punto de quietud no se experimente con la misma nitidez que el primero, pero no hacemos nada al respecto.

Etapa 9. El bucle de quietud

Empezamos esta etapa uniendo las dos anteriores, de manera que generamos un bucle de quietud: exhalamos con atención pronunciando el sonido *Ah*, desembocamos en el primer punto de quietud, inhalamos esa quietud, desembocamos en el segundo punto de quietud e iniciamos de nuevo el ciclo. Realizamos cuantos bucles necesitemos para potenciar nuestra serenidad y, entonces, abandonamos el emitir el sonido *Ah*, de manera que, ahora, la atención está puesta en la exhalación, la inhalación, los dos puntos de quietud cuando se alcanzan y el vacío o silencio mental, generando así el bucle de quietud: exhalamos en silencio, observamos el vacío del punto de quietud, inhalamos esa quietud, observamos el vacío del otro punto de quietud, exhalamos con quietud mental y así sucesivamente. Durante este bucle, la atención está posada en la exhalación, la inhalación y el silencio mental y podemos hacer lo que no podíamos al principio de la práctica: atender la respiración en silencio. Dado, no obstante, el aprendizaje de estar continuamente divagando, puede que arribe algún que otro pensamiento, lo cual no constituye problema alguno, pues disponemos de la regla No R – No R para su liberación.

Etapa 10. La atención al vacío

En esta etapa hemos de dar un paso sutil. Realizando la práctica descrita en la etapa 9, cambiamos la gestalt perceptiva, de manera que la atención se posa en el silencio de la mente, quedando al fondo las sensaciones de la exhalación y la inhalación. La figura que atendemos es el silencio mental (un soporte sin forma), mientras que el soporte con forma (la respiración) queda al fondo. Si durante esta etapa aparecieran pensamientos, aplicamos No–R, No–R, liberando el pensamiento al redireccionar la atención al silencio de la mente.

Una manera de facilitar esta etapa es prestar atención plena a la exhalación, desembocando en el punto de quietud y en el estado de silencio mental asociado a él. Entonces, anclamos la atención al silencio mental mientras permitimos que la respiración siga su curso espontáneo y natural. De esta forma, la figura de la gestalt es el silencio mental, siendo el fondo las sensaciones de la respiración.

Etapa 11. Señalando el estado mindful de consciencia o estado de consciencia natural

Practicando como en la etapa 10, nos hacemos conscientes de que el vacío de la mente no es un mero vacío, no es un simple silencio, sino que en él hay ecuanimidad y una extraordinaria lucidez. Estamos serenos, con la mente silenciada y, a la par, despiertos, lúcidos y ecuánimes, de manera que la información que llega desde los sentidos llega de manera clara, sin que haya interpretación conceptual ni reactividad emocional alguna. Estamos con una mente en calma, vacía, pero ecuánime y despierta, lúcida. Este es el estado *mindful de consciencia*.

El desarrollo del estado mindful de consciencia

Etapa 12. La unión vacío-lucidez-ecuanimidad

Vacío (silencio), ecuanimidad y lucidez se dan juntos y, durante esta etapa, la atención se posa en esa unión del vacío, la lucidez y la ecuanimidad. Nos hacemos conscientes del estado natural: esa consciencia vacía, silenciosa, lúcida y ecuánime que, como un espejo, refleja sin interpretación conceptual y sin identificación, apego o aversión lo que va apareciendo en la consciencia, sea esto lo que sea. En este estado, simplemente somos, cultivamos esa consciencia espejo, eso que experimenta y conoce. Los órganos de los sentidos nos proveen de sensaciones y somos claramente conscientes de ellas, estamos lúcidos, despiertos, pero no las interpretamos, no las enjuiciamos, la mente está calmada, silenciosa y ecuánime. Como un espejo, refleja o contempla los distintos fenómenos, tanto externos como internos, pero no los interpreta ni distorsiona con juicios acerca de cómo deberían de ser o si agradan o desagradan.

Esta práctica desarrolla una mente estable y lúcida, y la habilidad de desidentificarse de *la mente de mono* y sus innecesarias connotaciones cognitivo-emocionales, preservando adaptativamente la importante función de pensar y las emociones.

> **Meditación de la quietud mental y del estado *mindful* de consciencia (versión abreviada)**
>
> Tras sentarnos correctamente en nuestra postura preferida, realizamos tres respiraciones completas exhalando por la boca y sintiendo que liberamos tensión y dándonos cuenta de que estas tres exhalaciones son el preludio de un *tempo* diferente al ordinario y común de la actividad cotidiana. Posamos, entonces, la atención en la respiración y vamos liberando, mediante la regla No R – No R, los pensamientos intrusivos que vayan emergiendo en nuestra consciencia.
>
> Permanecemos realizando esta práctica de atención a la respiración y liberación de los pensamientos hasta que empecemos a ser conscientes de que nuestra mente va abandonando su agitación habitual y se va calmando. Cuando esto suceda, centramos nuestra atención a la exhalación. No es que no vayamos a sentir la inspiración, sino que nuestra atención se centra prioritariamente en la experiencia de la exhalación. Prestamos atención a la exhalación y a la par que exhalamos emitimos en silencio el sonido *Ah*. Esta práctica reducirá significativamente los pensamientos intrusivos, aunque puede que todavía surja alguno. Si esto sucede, recurrimos a aplicar la instrucción No R – No R. Nos iremos sintiendo cada vez más serenos y al exhalar nos dejamos ir un poco al final de la exhalación, tomando consciencia, entonces, de esa pausa fisiológica que tiene lugar entre el final de la exhalación y de la *Ah* y el inicio natural y espontáneo de la inspiración. Esa pausa es el punto de quietud. No prolongamos voluntariamente esa pausa, sino que tomamos plena consciencia de su existencia y del estado de nuestra mente cuando, de forma natural, la exhalación y la *Ah* llegan a su final: justo ahí, en el punto de quietud, nuestra mente está en silencio, por lo que experimentamos una serena paz mental. En ningún momento entramos en absorción, perdiendo la conexión con el mundo externo, cuyas sensaciones quedan, sin generar molestia o distracción alguna, al fondo.

Durante el tiempo que consideremos oportuno, practicamos de esa manera y cuando nos sintamos muy serenos, con un silencio mental continuado y estable, focalizamos la atención en ese silencio, dejando al fondo las sensaciones de la respiración. No estamos absortos, desconectados de las sensaciones del mundo externo y de las de la respiración. Es solo que la figura que atendemos, lo que domina nuestra atención es el silencio mental. Prestando atención, entonces a ese silencio, nos damos cuenta de que hay algo más: estamos despiertos, lúcidos, todos nuestros canales sensoriales funcionan correctamente y podemos ser lúcidamente conscientes de cualquier sensación. Tomamos, pues, consciencia de que nuestra mente está en silencio, serena, pero despierta y lúcida y que, además, estamos ecuánimes, ya que no experimentamos reactividad emocional (agrado, desagrado o indiferencia) ante los distintos fenómenos de los somos conscientes serena y lúcidamente. Este es el estado mindful de consciencia (en la Vedanta, "El Testigo"; en el Zen, "La Mente Original o Gran Mente"; en el Dzogchen, "Mente Natural o Rigpa"; "Verdadera Naturaleza de la Mente, en el Mahamudra). Eso es lo que experimenta y conoce.

Nos mantenemos sin tensión en ese estado (si lo perdemos porque aparecen pensamientos, volvemos a recuperarlo a través del silencio) y nos damos cuenta de que nuestra mente funciona como un espejo que refleja, sin distorsión conceptual ni emocional alguna, la realidad. Mantenemos esa "mente espejo", recuperándola cuando la perdamos. Nos identificamos con eso que experimenta y conoce.

Al principio es mejor realizar esta práctica haciendo periodos cortos de duración (diez minutos, por ejemplo). Descansamos un poco estando recogidos sobre nosotros mismos y volvemos a hacer otro periodo corto de práctica. Podemos hacer dos o tres de estos periodos seguidos, intercalando breves descansos de o introduciendo breves periodos de meditación caminando.

Resumiendo

Este nivel I está dirigido al pilar de la meditación, equilibrando nuestra descontrolada y dispersa atención. El cultivo de la atención en forma de concentración tiene la virtud de producirnos sosiego y calma, serenidad. Así, en las etapas de la 1 a la 6, ambas inclusive, nos hemos dedicado al cultivo de la serenidad. No adquirimos serenidad, desarrollamos la que ya tenemos. Sin embargo, las etapas desde la 7 a la 11 se centran en señalar el estado *mindful de consciencia* o estado de consciencia natural o estado de consciencia testigo, el cual ha estado siempre con nosotros. La última etapa se centra en el desarrollo de ese estado *mindful de consciencia* y, a partir de esta etapa, la práctica se dirige fundamentalmente a estabilizar este estado e irlo interpenetrando en el ritmo corriente de la vida diaria, de manera que podamos ir viviendo cada vez más actividades en estado de *consciencia mindful*. Desde este estado, con una mente serena, lúcida y ecuánime, podemos vivenciar tanto los fenómenos de lo que llamamos "mundo externo" como los del denominado "mundo interno" y generar conductas beneficiosas, adaptadas a los contextos en los que estemos viviendo en cada momento. La práctica genera un poderoso sentimiento interno de bienestar que se irradia en la relación con los demás.

Además, durante este entrenamiento hemos aprendido a tener una autorregulación ejecutiva de la atención, fortaleciendo la atención y aprendiendo a desidentificarnos de los discursos mentales. Sin que nos lo propusiéramos, hemos desarrollado, también, la ecuanimidad necesaria para que ese "crítico" que todos llevamos dentro pierda el poder que ejerce sobre nosotros y, a la par, hemos aprendido a ser pacientes con nosotros mismos y a ser perseverantes, recursos todos ellos que fortalecen nuestro carácter y contribuyen a nuestro bienestar.

Nivel II: Consciencia *mindful* en la vida cotidiana. Autorregulación de emociones y motivaciones

El *estado mindful de consciencia*, como ya hemos dicho, es conocido en las diversas tradiciones con distintos nombres. En la Vedanta se habla del *Testigo*, de la *Gran Mente* o *Mente Original* en el Zen, de *No-Yo* en la Vipassana, de *Rigpa* en el Dzogchen. Una vez que este estado ha sido señalado y es experimentado por el practicante, el paso siguiente en la práctica es llevarlo a la actividad de la vida cotidiana. Para ello es necesario estabilizarlo, sensibilizarse a saber cuándo lo hemos perdido y aprender a volver a él de forma voluntaria.

El *estado de consciencia mindful* no es resultado de un aprendizaje. Ese estado de consciencia siempre ha estado con nosotros a nuestra disposición y, de hecho, lo hemos experimentado en ciertas ocasiones (por ejemplo, ante lo bello). Lo que hacemos con la práctica es desvelarlo, hacerlo evidente, ya que, aunque siempre ha estado presente y sin él no sería posible ningún otro estado de consciencia, el discurso mental asociado al devenir de nuestra vida lo ocultaba. Por eso se dice que con la práctica no adquirimos nada nuevo. Sin embargo, el llegar a sostenerlo y entrar en él a voluntad sí es un aprendizaje que, como todos los aprendizajes, precisa de interés, perseverancia y repetición hasta que uno adquiere la suficiente maestría. Estabilizar el estado, desarrollar maestría y llevarlo a la vida cotidiana es parte de lo que se espera del nivel II de la práctica.

Es cuando hemos logrado estabilizar el *estado mindful* y desarrollado maestría en recuperarlo que podemos empezar a aprender a autorregular nuestras emociones y nuestra intencionalidad desde *mindfulness* con una cierta eficacia. Autorregular las emociones no significa reprimirlas o convertirse en una especie de ser alexitímico, incapaz de sentir e interpretar emociones. Significa comprender en qué consisten, saber su función y hacer de ellas resortes para respuestas adaptativas que no generen sufrimiento. Por otro lado, la autorregulación de la intencionalidad es, también, una parte esencial de este nivel II de la práctica. Nuestras motivaciones e intenciones son el motor de nuestra conducta. A veces, nuestras motivaciones constituyen una fuente de sufrimiento, pues mueven emociones y promueven conductas que no aportan nada a nuestro bienestar psicológico ni al de los demás. El cultivo de una intencionalidad bondadosa mediante las prácticas de autocompasión y compasión nos lleva a ser empáticos con el sufrimiento de las otras personas y a generar una actitud bondadosa, compasiva e inteligente ante ese sufrimiento.

Estabilizando la consciencia mindful

El llegar a tener destreza en mantener el *estado mindful de consciencia* puede llevarnos un cierto tiempo. Seguramente, necesitaremos empezar desde el principio, recorriendo todas las etapas anteriores, desde la primera hasta la última, en la que estaremos ya en el *estado mindful*. Este se caracteriza por ser un estado mental calmado, lúcido y ecuánime. Estamos conscientes, dándonos cuenta de las distintas sensaciones que nos proveen los órganos de los sentidos, pero nuestra mente está silenciosa y ecuánime. Como un espejo. Sin duda, al poco, empezarán a llegar pensamientos espontáneamente. Aquí No R – No R nos va a volver a ser de mucha ayuda. El mero hecho de darnos cuenta del pensamiento que está teniendo lugar hará que este se disuelva, lo que nos permitirá observar que la mente vuelve a estar en silencio y, en este silencio, encontraremos, nuevamente, la lucidez y la ecuanimidad que están asociadas a él. Con el tiempo, iremos desarrollando maestría y podremos acceder al estado *mindful* de consciencia a través de la puerta del punto de quietud: exhalando con el sonido *Ah*, o sin él, desembocando en el punto de quietud y dándonos cuenta de la calma, lucidez y ecuanimidad que hay en él y posando la atención en ese estado. Cuando un pensamiento secuestre la atención a ese estado, nos hacemos conscientes del pensamiento y este hecho hará que se disuelva, volviendo a ser aparente la calma mental, el silencio, y volviendo a descubrir que está impregnado de lucidez y de ecuanimidad y, entonces, sentamos la atención en ello hasta que, de forma espontánea, aparezca otro pensamiento.

Repitiendo esta práctica, los intervalos entre pensamientos se irán haciendo más largos y sin forzar nada, estaremos asentados en el *estado mindful* de forma natural. En este estado, somos, existimos. No somos esto o aquello, no hay compulsión para ser esto o aquello. Somos, existimos, sin más. Esta experiencia de simple ser, de simple existir, se vive con gozo. Es el estado de presencia, que abordaremos en el nivel III de la práctica.

Un eco en la vida cotidiana de esta práctica formal es que, un buen día y sin que la mente esté centrada en una tarea que requiere nuestra concentración, nos damos cuenta de que, sin hacer nada, nuestra mente naturalmente está calmada, que el mono no salta de rama en rama. Ese día sabremos que la práctica está empezando a calar con profundidad y que sus efectos están pasando de estado a rasgo.

Practicando en la vida cotidiana

Los sentidos

Estabilizar el *estado mindful de consciencia* es la base sólida para llevar la práctica de *mindfulness* al devenir de la vida cotidiana. Hay una enseñanza budista (Bahiya Sutta) que va a ser nuestra guía para ir impregnando *mindfulness* en las actividades diarias. Esta es la enseñanza de Buda a Bahiya, recogida de este Sutta, a fin de acabar con el sufrimiento: *En lo visto, solamente lo visto; en lo oído solo lo oído; en lo sentido (tocado, gustado, olido) solo lo sentido; en lo conocido, solamente lo conocido. Así es como has de entrenarte.* El *estado mindful de consciencia* nos permite realizar esta práctica, pues esa consciencia que opera como un espejo hará posible que en lo visto solo haya lo visto, despojado de interpretaciones y juicios. Al igual, que con lo oído solo esté lo oído, lo tocado en lo tocado, lo gustado en lo gustado, lo olido en lo olido y lo conocido en lo conocido. En el *estado mindful de consciencia* podemos acceder a la realidad que nos presentan los sentidos tal cual es, sin distorsiones cognitivo-emocionales. Sin el añadido de nuestros juicios o prejuicios, que nos hablan acerca de cómo debería ser la realidad e interfieren en que la captemos tal cual se presenta. Si a lo que estamos observando se suma el discurso del intérprete (*oh, ¡qué bonito!, a mí esto no me gusta ni un pelo, etc.*), que añade un comentario a lo que estamos experimentando, entonces practicamos No R – No R, liberando ese pensamiento al volver, diligentes y ecuánimes, a la consciencia silenciosa, lúcida, ecuánime y curiosa de aquello que estemos experimentando a través de cualquiera de los canales sensoriales.

A modo de sugerencia para practicar, podemos, con atención plena (estado *mindful*) dedicar al menos una semana a cada uno de los sentidos. Durante la primera semana emplearemos el sentido de la vista de manera que en lo visto solo haya lo visto, es decir, observamos visualmente los objetos y las personas con actitud de curiosidad sin que se note, estando en *consciencia mindful*, es decir, serenos, lúcidos y ecuánimes. Reflejaremos, así, cual espejo curioso, aquello que vemos sin añadir ni quitar nada. En la siguiente, practicaremos igualmente con esa consciencia serena, lúcida, ecuánime y curiosa de manera que en lo que oigamos solo haya lo oído y, así, sucesivamente con cada uno de los sentidos.

El sentido del oído y del tacto son excelentes canales para la práctica. Cuando estamos en una escucha realmente atenta y curiosa, como ya hemos comentado, el área cerebral sensorial del lenguaje está activada, mientras que la actividad del área motora, la del habla, está inhibida. Esto supone que podemos adiestrarnos en estabilizar y mantener el estado mindful de consciencia durante la vida cotidiana con más facilidad usando el canal auditivo con frecuencia. Por su parte, el sentido del tacto nos proporciona un amplio campo para la práctica, pues continuamente estamos tocando cosas y personas. Vamos a abrir una puerta y tocamos la manivela de apertura, vamos a desplazarnos en el ascensor y tocamos el botón correspondiente, vamos en el metro y tocamos la barra de sujeción, cogemos un bolígrafo para escribir y, necesariamente, lo tocamos, damos la mano a alguien o un abrazo, etc. Continuamente estamos tocando objetos o personas y, en cada uno de esos contactos podemos sentir lo tocado sin interpretación alguna. Esta frecuencia en el tocar hace que a lo largo del día tengamos numerosas pequeñas oportunidades para practicar la *consciencia mindful*. La práctica, en la que con *consciencia mindful* observamos todo aquello que recibimos a través de los canales sensoriales, nos adiestra en ser capaces de captar la realidad sin que la *mente de mono* intervenga y constituye la base para incorporar nuestras acciones a la práctica.

La identificación

Es muy importante que nos demos cuenta serena, lúcida y ecuánimemente de cuándo nos identificamos con nuestros discursos mentales, de cómo se produce esa identificación y de en qué consiste. La identificación se produce en situaciones de deseo, apego, reactividad emocional y anticipación de respuesta. En estas situaciones solemos tender a identificarnos con el discurso mental de turno, el cual es, con frecuencia, rumiativo. Aprendemos a darnos cuenta de cuándo surge y en las circunstancias en las que surge. También, nos damos cuenta de en qué consiste: la atención se queda enganchada al discurso mental y atribuimos a ese discurso el valor de ser verdad. La observación serena, lúcida y ecuánime de la identificación facilita que nos desidentifiquemos de los discursos mentales y su disolución nos devuelve al estado *mindful*.

La conducta

El impregnar nuestras conductas con *mindfulness* requiere varias aproximaciones sucesivas. En este nivel II aplicaremos la práctica a acciones comunes de la vida cotidiana como, por ejemplo, los cambios de postura del cuerpo, desplazarse, cambiar de espacios, las conductas de aseo, vestirse, desvestirse, fregar los platos, limpiar, preparar comida, etc., empezando siempre por conductas no excesivamente complejas. Realizamos estas conductas en estado *mindful*, de manera que el discurso interno está silenciado y nuestra atención está plana en la acción que estamos realizando. Si irrumpen pensamientos, sean estos los que sean, recurrimos a No R – No-R: nos damos cuenta de que la atención está perdida en el discurso mental y, en ese momento, recordamos que no es ahí donde debe estar, sino en la conducta que estamos llevando a cabo y, ecuánime y afablemente, la llevamos a esa conducta. No nos resistimos, pero no nos rendimos.

La práctica con las emociones: autorregulación emocional

No podemos decir que en la historia del pensamiento occidental las emociones hayan tenido buena reputación. Sin embargo, poseen un extraordinario valor adaptativo. Son conductas complejas que se desencadenan ante estímulos que tienen significado para la especie, para un grupo o para un individuo y cuya finalidad evolutiva es la preservación del individuo, del grupo o la especie. En términos de evolución, nos permiten una rápida respuesta ante situaciones que lo requieren y en las que un procesamiento lento de la información podría ser inadecuado e, incluso, fatal. En este sentido, el problema no está tanto en las emociones como en nuestra falta de habilidad a la hora de manejar este valioso recurso natural, el cual puede ser puesto en marcha no solo por estímulos procedentes de la realidad externa sino, también, por la imaginación. Las emociones conllevan cambios fisiológicos y endocrinos, implican cogniciones y actitudes respecto a la realidad y podemos observarlas en tres niveles: corporal, cognitivo y conductual.

Una de las dificultades que tenemos con las emociones es que estas nos hablan, pero no sabemos escuchar lo que dicen y, enseguida, nos vemos reaccionando, envueltos en ellas e impelidos por su poderosa energía y, cuando se trata de emociones de esas que catalogamos como negativas, el desmán y el sufrimiento están garantizados. Veamos, como ejemplo, el miedo, emoción de alto valor adaptativo que está vinculada a la existencia y que podemos encontrar subyacente en diversos trastornos psicológicos, especialmente en los trastornos de ansiedad. El miedo, emoción de la cual tenemos una vivencia muy desagradable, pues implica cambios fisiológicos y endocrinos que se van a hacer evidentes en nuestro ritmo cardiaco y respiratorio, en nuestra tensión arterial y muscular, así como en la sudoración o en malestar de los aparatos digestivo y excretor, nos habla. Lo que, en primer lugar, el miedo nos dice es que estamos ante un estímulo o una situación que de manera no consciente estamos interpretando como peligrosa. Este peligro puede ser objetivo (real) o no. El miedo nos dice: *oye, estás en peligro*. En segundo lugar, el miedo nos dice que, probablemente, no disponemos de los recursos necesarios para conjurar ese peligro. Estos dos mensajes del miedo pueden ser ciertos o no. Si tengo miedo a las serpientes y estoy reaccionando con miedo ante una cuerda que me ha parecido una serpiente, es obvio que los dos mensajes del miedo son falsos y que el miedo es debido a una interpretación incorrecta de la realidad, aunque hemos reaccionado como si fuesen ciertos. Sin embargo, si tengo miedo a las serpientes y lo que hay es una serpiente que bien pudiera ser venenosa, entonces, el primer mensaje (*oye, estás en peligro*) es cierto, mientras que la certeza del segundo dependerá de la situación concreta. Lo frecuente es que reaccionemos sin escuchar al miedo y, dado que lo vivimos desagradablemente, no comprendamos y valoremos su valor adaptativo.

Algo parecido sucede con la ira, emoción que nos dice que estamos ante algo que nos obstaculiza, ante un problema. La ira es un aporte de energía extra que la naturaleza nos proporciona para superar ese obstáculo o problema. Lo frecuente es que nos veamos atrapados en esa energía repentina e intensa y, en vez de reconducirla como sustrato energético a fin de buscar soluciones al problema, hagamos un desmán, dañando verbal o físicamente a alguien, incluidos nosotros mismos, a un objeto o alimentando el rencor, si es que en ese momento hemos de reprimir la ira. Todo ello nos está diciendo que no hemos comprendido la naturaleza de la ira y que hemos desperdiciado su capacidad adaptativa. Con la práctica de *mindfulness* adquiriremos la habilidad de autorregular nuestras emociones sin reprimirlas, evitando que causen sufrimiento y extrayendo de ellas su potencial adaptativo.

Deseo o atracción, aversión o repulsión e indiferencia o ignorancia es la tríada que está en el trasfondo de nuestra vida y nuestras emociones no son ajenas a esa tríada. Podemos, también, observar que, ante situaciones peligrosas o que representan dificultades y causan miedo, se dan tres patrones de respuesta básicos: afrontar, escapar o evitar y quedarnos quietos o camuflarnos. Todos nosotros tenemos a nuestra disposición los tres patrones de respuesta, pero somos más proclives a uno que a los otros dos. Así, podemos observar si tendemos a afrontar, a escapar o evitar o, alternativamente, a quedarnos quietos, con la esperanza de que la dificultad se resuelva sin que tengamos que hacer nada. Desde el *estado de consciencia mindful* vamos a poder, poco a poco, aprender a escuchar lo que las emociones nos dicen en sus tres niveles (corporal, cognitivo y conductual) y a autorregular el caudal de energía que poseen. También, vamos a poder conocernos un poco más, dándonos cuenta de cuál es nuestro estilo de respuesta básico, si tendemos a afrontar, a escapar o evitar o, por el contrario, tendemos a quedarnos quietos y pasar desapercibidos.

Durante la práctica formal de meditación tendremos acceso a las distintas emociones bien porque surjan espontáneamente durante la práctica o bien evocándolas, recordando algún suceso reciente o del pasado en el que nos hemos sentido invadidos por alguna emoción. Antes dijimos que podemos observar las emociones en tres niveles: corporal, cognitivo y conductual. Mientras estamos haciendo la práctica formal, habremos de obviar el nivel conductual, dado que estamos inmóviles, y nos ocuparemos del nivel corporal y del cognitivo.

La práctica con las emociones consta de cuatro etapas fundamentales. Cuando una emoción surge espontáneamente mientras estamos practicando, en primer lugar, nos hacemos conscientes de ella, sabemos que hay una emoción en el campo de consciencia. Podemos, incluso, nominarla (*estoy sintiendo...*). Después, en segundo lugar, orientaremos nuestra atención al cuerpo, a fin de poder darnos cuenta de las sensaciones corporales que acompañan a esa emoción. Posamos la atención serena, lúcida y ecuánime en esas sensaciones corporales, sean estas las que sean y sea que nos resulten agradables o desagradables. Nos hacemos conscientes de esas sensaciones y mantenemos la atención en ellas, observando si se producen cambios en las mismas. Las aceptamos. Acompañamos de forma ecuánime a esas sensaciones y comprobamos que son solo eso, sensaciones, y que, como tales, aparecen, están un tiempo y desaparecen o se transforman en otra sensación. Este estar ecuánime con las sensaciones corporales que están asociadas a nuestras emociones es una práctica extraordinariamente importante, pues nos permite aceptarlas y no caer en la evitación experiencial, proceso mediante el que, comúnmente, nos evadimos de la realidad presente que la emoción nos está mostrando. La evitación experiencial está en la base del hecho de que las emociones que clasificamos como desagradables se mantengan durante tiempo.

En tercer lugar, comprendemos que los pensamientos que tienen lugar poco antes, a la par y después de los cambios corporales que ocurren cuando sentimos una emoción son parte de la evitación experiencial. Esos pensamientos hacen que la atención bascule del cuerpo a la mente, evitándose puntualmente la experiencia de las sensaciones emocionales, pero es pan para hoy y hambre para mañana, pues esos pensamientos refuerzan la emoción, la alimentan y sostienen en el tiempo. Durante la práctica, observamos esos pensamientos con calma, lucidez y ecuanimidad, aceptándolos como parte de la emoción. No queremos quitárnoslos de en medio, sino que los observamos, aceptando su presencia sin alimentarla y viendo cómo sostienen el estado emocional. Nos damos cuenta de que esos pensamientos suelen estar emparentados con nuestras expectativas, con cómo creemos que deben ser las cosas y que forman parte de la resistencia a que sean como son. Así que nos podemos preguntar: ¿a qué expectativas sirve esta emoción? Por último, como ya hemos dicho, las emociones nos hablan, cuentan algo acerca de nosotros mismos ¿qué me está diciendo esta emoción? ¿De qué me habla? ¿Es realmente así lo que dice, es cierto? ¿Esta reactividad emocional, tal como se ha dado, es la forma más favorable de responder? En cuarto lugar, cuando hemos aceptado la emoción, es decir, la hemos comprendido serena, lúcida y ecuánimemente, soltamos. Podemos soltar ayudándonos de la atención en la respiración. Aceptar y soltar es un eje principal de la práctica.

Cuando durante la práctica formal queremos practicar con las emociones, seguiremos el esquema de práctica ya descrito, aunque con alguna diferencia. Practicamos estando en *estado mindful de consciencia* y, estando en ese estado, recordamos un suceso que nos haya suscitado una reacción emocional, dejando que el recuerdo vaya desencadenando las sensaciones corporales y los pensamientos. A partir de aquí, practicamos igual que cuando la emoción surge espontáneamente y, después, volvemos al *estado mindful de consciencia*.

Necesitaremos mucha práctica formal y un estado *mindful* muy estable para poder autorregular nuestras emociones en la vida diaria, sobre todo cuando estas son intensas. Intentaremos darnos cuenta lo antes posible de que está aflorando una emoción, sea la que sea, y la pondremos nombre (*estoy sintiendo…*) y, si tenemos ocasión, iremos recorriendo las etapas que hemos visto anteriormente. Alternativamente, si no existe la oportunidad de realizar esa práctica porque estamos en una situación de la vida diaria que lo hace imposible, en el momento que seamos conscientes de la emoción, le pondremos nombre y haremos un breve escáner corporal para tomar consciencia de las sensaciones corporales más aparentes. Después, exhalaremos con el sonido *Ah* para facilitarnos entrar en el *estado mindful*. Puede que aparezca un tropel de pensamientos, siguiendo el hábito establecido de *emoción-pensamientos que la mantienen*. Aplicaremos, entonces, No R – No R, volviendo a la exhalación con el sonido *Ah* y liberando, así, los pensamientos hasta que entremos en el estado *mindful* de consciencia, serenos, lúcidos y ecuánimes. Más tarde, cuando nos sea posible, analizaremos lo que ha ocurrido, mirando qué expectativas podrán estar detrás de la emoción, preguntándonos qué es lo que el estado emocional nos estaba diciendo y si esto era cierto o no. Es decir, indagaremos acerca de cuánto hemos puesto de nosotros mismos para que la emoción se desencadene, a qué expectativas servía y si su intensidad era proporcional a lo que estaba ocurriendo, y tomaremos buena nota de si esa forma de responder a lo que estaba sucediendo era la adecuada en nuestro beneficio y en el de los demás.

Autorregulando nuestras emociones en la vida cotidiana (versión abreviada)

En la vida diaria que comúnmente llevamos los occidentales es muy difícil que estemos siempre en el *estado mindful de consciencia*, sino que lo más frecuente es que se intercalen periodos *mindful* con periodos de consciencia ordinaria. Visto esto, no es aventurado pronosticar que exista la probabilidad de que una emoción nos tome por asalto y su energía nos arrastre con ella durante un cierto tiempo y que, incluso, sus flecos se prolonguen durante horas o días. Tampoco es aventurado pensar que la situación (podemos estar en público) no nos permita parar y recorrer todo el camino para auto-regular la emoción. Necesitamos, entonces, un procedimiento rápido para auto-regularla y recuperar el equilibrio. Veamos paso a paso ese procedimiento.

1. Cuando nos demos cuenta de que estamos sintiendo la emoción que estemos sintiendo, la ponemos nombre (*Estoy sintiendo...*).
2. Escaneamos brevemente el cuerpo para observar con ecuanimidad las sensaciones corporales de la emoción.
3. Tomamos consciencia de los pensamientos que se están produciendo asociados a la emoción.
4. Empezamos a serenarnos: posamos la atención en la exhalación y exhalamos pronunciando el sonido *Ah* en silencio y escuchándolo a la par que lo pronunciamos.

5. Cuando la atención salte de la experiencia de la exhalación y del sonido *Ah* a los pensamientos, aplicamos la instrucción No R – No R, liberando así los discursos mentales que se estén produciendo.
6. Si el discurso mental que acompaña a la emoción se convierte en una rumiación que persiste aún varias horas después de que lo que provocó la emoción haya sucedido, podemos cuestionarlo: "¿Pensar en esto me ayuda a sentirme bien, me es útil en este momento?". La contestación es: "no". "Entonces, no necesito seguir pensando en ello". Inmediatamente, llevo la atención a sentir la respiración o a respirara con el sonido *Ah*.
7. Cuando estemos calmados y dispongamos de la ocasión, realizaremos una introspección acerca de lo que nos ha ocurrido:
    - ¿Qué es lo que ha hecho que la emoción se desencadene?
    - ¿Qué me estaba queriendo decir la emoción?
    - ¿En qué consistía la emoción? ¿Qué sensaciones corporales y pensamientos tenía?
    - El experimentar así la emoción, tal como la experimenté, ¿me fue útil? ¿Ayudó en la situación?
    - ¿Cómo fue que no pude auto-regularla desde el principio? ¿Estaba en estado *mindful*?
    - ¿Qué otros recursos, que no sea esta respuesta, tengo?

A estas alturas de la práctica, una reactividad emocional que nos ocasione sufrimiento a nosotros mismos y a los demás, aparece cuando nuestra atención no es la suficiente para darnos cuenta con calma, lucidez discriminativa y ecuanimidad de lo que está sucediendo. *Mindfulness* nos capacita para autorregular nuestras emociones y responder a lo que sucede en nuestra vida de una forma equilibrada, protegiéndonos del sufrimiento que la reactividad emocional ocasiona.

Equilibrando nuestra intencionalidad: las prácticas de autocompasión, compasión y alegría

Toda la práctica del programa MBMB realizada hasta ahora ha estado dirigida a: 1) Calmar nuestra agitación mental. 2) Cambiar la relación que manteníamos con nuestros discursos mentales, dejando de identificarnos con ellos. 3) Identificarnos con el estado *mindful* de consciencia y estabilizarlo en la vida cotidiana. 4) Adiestrarnos en autorregular nuestras emociones. Se trata de un conjunto de prácticas que nos ayudan a cambiar nuestros hábitos cognitivos, emocionales y conductuales causantes de sufrimiento por hábitos equilibrados y saludables. En esta medida, nuestro cambio individual se va a reflejar beneficiosamente en el ámbito de la pareja, la familia, los amigos, en el trabajo y en nuestras relaciones en general. Las prácticas de compasión y alegría van a completar este adiestramiento al ayudarnos a equilibrar nuestras intenciones. Estas están en la base de nuestras acciones, de manera que, si nuestra intencionalidad es beneficiosa y benevolente, así serán nuestras acciones. Equilibrando nuestra intencionalidad, equilibramos nuestra conducta y el impacto que esta tiene en nuestro mundo de relación social. Somos seres gregarios, no vivimos aislados, no somos sin los otros. Es más, estando en el *estado mindful de consciencia* podemos darnos cuenta de que los límites entre los otros y yo, que son claros y aparentes en el estado ordinario de consciencia, se atenúan o diluyen y nos adentramos en un estado *no-dual*. Que nuestra relación con los demás esté alentada por la benevolencia es una garantía para que el sufrimiento esté alejado de nuestras vidas y de las de nuestros congéneres.

Todos, nosotros mismos, las personas que amamos, aquellas que nos caen bien y las que nos caen mal y hacia las que sentimos aversión, queremos ser felices. Todos buscamos lo mismo: sentirnos bien, encajados en nuestras vidas, sin sufrimiento. Mediante las prácticas de compasión vamos a desarrollar una actitud empática y bondadosa hacia nosotros mismos y hacia las otras personas, que va a ser el sustrato de una conducta compasiva, de una ayuda inteligente a quien lo requiera. Las prácticas que vamos a describir no son simples ejercicios de psicología positiva a través de los cuales deseamos bienestar a nosotros mismos y los demás, sino que las realizaremos estando en *estado mindful de consciencia* e involucrando al cuerpo (sentimiento sentido), en concreto al área cordial (esotéricamente hablando, al chakra del corazón). Estas prácticas, con el tiempo, impregnarán de calidez nuestra consciencia *mindful* y cambiarán radicalmente la manera en que nos relacionamos con nosotros mismos y con nuestros congéneres.

La idea que teníamos sobre la evolución como un proceso de competición y supervivencia individual cambió cuando empezamos a comprender que las conductas altruistas también eran importantes para la supervivencia, pero ya no del individuo, sino del grupo.

En la ciencia occidental, la compasión es una de las conductas altruistas, mientras que en el ámbito budista es uno de los cuatro Brahma Vihara, junto con el amor, la alegría y la ecuanimidad. En la clasificación que realizan Panksepp y Biven (2012) de los sistemas emocionales (búsqueda, miedo, rabia, excitación sexual, cuidado, pena y juego), la compasión forma parte del sistema emocional del cuidado y parece ser, en términos evolutivos, muy antigua. Tenemos constancia de que hace entre 60.000 y 80.000 años nuestros primos hermanos neandertales ya practicaban la compasión. Un resto fósil hallado en la cueva de Shanidar, en los Montes Zagros, en el Kurdistán iraquí, pone de manifiesto que ese individuo, que padecía serias discapacidades (amputación de un brazo, degeneración de articulaciones y daños craneales) solo pudo sobrevivir hasta la edad aproximada de 40 años gracias a la ayuda y cuidado de otros miembros del grupo al que pertenecía. Aún más atrás en el tiempo, el homo heidelbergensis también nos ha dejado vestigios de conductas compasivas de hace unos 530.000 años. El cráneo fósil llamado *Benjamina* encontrado en la en la Sima de los Huesos de Atapuerca (Burgos) corresponde a una niña de unos 10 años de edad que vivió hasta esa edad con una malformación craneal congénita (craneosinostosis lambdoidea) que consiste en que las suturas craneales se cierran antes de tiempo y ello no permite el normal crecimiento del cerebro dentro de la caja craneana. Esta malformación congénita causa severas discapacidades motoras y cognitivas y esa niña no pudo sobrevivir hasta los 10 años de edad sin que miembros del grupo compasivamente la cuidaran. Parece, pues, que la compasión no es un carácter solo del homo sapiens, sino que lo es, también, de otras especies del género homo. Llevamos la compasión en el ADN.

Para ser compasivos necesitamos empatía, mediante la cual nos damos cuenta del sufrimiento de otra persona, y el sentimiento de bondad que nos mueve a realizar una acción encaminada a aliviar o ayudar al otro en su sufrimiento, pero no es una acción cualquiera, pues puede que cayéramos en la lástima, sino una acción inteligente.

La práctica de autocompasión

La autocompasión no es victimismo, tampoco consiste en una actitud de amplia tolerancia. Es una actitud de amabilidad y benevolencia inteligente hacia nosotros mismos, especialmente cuando sufrimos, que refleja ese *epimeleia heautou* del que nos hablaban los griegos. Nos deseamos bienestar y nos tratamos de una manera afable y apropiada para conseguirlo. Nos tratamos bien cuando sufrimos. Esto no significa tener manga ancha y no mejorar, sino proveernos a nosotros mismos de un clima amable para cambiar. Aceptamos bondadosa y afablemente lo que somos, comprendiéndolo en todas sus dimensiones y empleando nuestra inteligencia para realizar los cambios que creamos necesarios realizar. Salimos de la atmósfera crítica, perfeccionista y rígida habitual para concedernos un clima cálido y afable en el que podemos vernos como seres humanos reales. Salimos de una atmósfera de tolerancia estulta para entrar en un clima de bondad inteligente. Equilibramos nuestra intencionalidad hacia nosotros mismos y esto nos ayudará a completar el fruto emanado de la práctica con el *estado mindful*, nos ayudará a cuidarnos y sentirnos bien en nuestra piel.

Esta práctica consta de ocho etapas:

- Etapa 1. Empezamos la práctica sentándonos en nuestra posición preferida.
- Etapa 2. Nos serenamos prestando atención a la respiración y liberando los pensamientos que vayan emergiendo en nuestra consciencia.
- Etapa 3. Nos asentamos en el *estado mindful de consciencia* y lo estabilizamos.
- Epata 4. Estabilizado el *estado mindful*, posamos la atención en el área pre-cordial (podemos llevar nuestra mano a esa parte del pecho para tener más localizada el área y sentirla con más facilidad). Nos abrimos a las sensaciones que experimentamos en el centro del pecho, donde esotéricamente se sitúa el chakra del corazón. Estas sensaciones pueden ser térmicas o bien de presión y permanecemos un tiempo abiertos a ellas, familiarizándonos con ellas y con el área pre-cordial.

- Etapa 5. Imaginamos, entonces, que respiramos por el área pre-cordial, que el aire entra y sale por esa parte de nuestro cuerpo. Esto hará que nuestra respiración se torne algo torácica. Sentimos como si respirásemos por el área-precordial con una respiración lenta, profunda y acompasada. Esta forma de respirar nos irá generando un sentimiento de bienestar y, posiblemente, genere cambios en las sensaciones que experimentemos en el área pre-cordial. Permanecemos en esta fase el tiempo necesario para que nos sintamos bien y disfrutemos de ello.

- Etapa 6. Todos hemos experimentado alguna vez sentimientos amorosos y de bondad y, por tanto, sabemos en qué consisten. Vamos, entonces, a generar en esa área pre-cordial y experimentar en ella un sentimiento de amor- bondad. Si nos cuesta trabajo, podemos recordar algún momento de nuestra vida en el que hayamos experimentado ese sentimiento, a fin de que el recuerdo nos permita sentirlo.

- Etapa 7. Una vez que estamos sintiendo ese sentimiento de amor-bondad, seguimos sintiendo que respiramos por el área-precordial lenta, profunda y rítmicamente y sentimos que la respiración va avivando suavemente ese sentimiento de amor-bondad que estamos experimentando en el centro del pecho. Permanecemos un rato realizando esta práctica, dejándonos impregnar por ese sentimiento de amor-bondad.

- Etapa 8. Impregnados de la sensación sentida de amor-bondad nos deseamos a nosotros mismos estar bien y ser felices. Nos vamos diciendo *que yo esté bien, que yo sea feliz*. Nos deseamos estar bien y ser felices al mismo tiempo que experimentamos amor y bondad en nuestra área pre-cordial. Nos decimos *que yo esté bien* y atendemos plenamente al sentimiento generado en el área pre-cordial, permaneciendo con la atención depositada en esa zona unos instantes, después, volvemos a desearnos *que yo sea feliz* y volvemos a llevar la atención a la sensación sentida de amor-bondad que estamos experimentando en el área pre-cordial. Y, así, sucesivamente.

Realizamos la práctica con atención plena al área pre-cordial y, poco a poco, vamos intensificando ese sentimiento de amorosa bondad que hace verdadero el desiderátum de *que yo esté bien, que yo sea feliz* (nos lo deseamos "de corazón"). El hecho de experimentar el área pre-cordial, experimentar allí el sentimiento de amor-bondad y generar desde allí el desiderátum *que yo esté bien, que yo sea feliz* hace que realicemos esta práctica *desde la sensación sentida, desde el sentimiento sentido*, encarnando así el desiderátum cognitivo.

Las prácticas de compasión

Vamos, en esta práctica, a equilibrar nuestra intencionalidad, dirigiendo nuestra compasión y nuestro deseo de que sean felices a personas a las cuales queremos y estén experimentando alguna dificultad en su vida, a personas simplemente conocidas con las que no tenemos una relación suficiente para sentir afecto hacia ellas y, también, a personas con las que no nos llevamos bien y por las que sentimos, tal vez odio o rencor.

Antes de empezar la práctica, decidimos a qué persona de las que queremos y que esté atravesando dificultades de cualquier naturaleza vamos a dirigir nuestros sentimientos de amorosa bondad, deseando que esté bien y sea feliz. Una vez elegida la persona, nos serenamos y asentamos en el *estado mindful*, estabilizándolo. Al igual que en la práctica de autocompasión, partimos de la sensación sentida, posando la atención en el área pre-cordial y empezamos a generar un genuino sentimiento de amor y bondad (sentimiento sentido). Imaginamos que tenemos a la persona elegida enfrente de nosotros, la visualizamos y dirigimos hacia ella ese sentimiento de amorosa bondad cada vez con más intensidad, a la par que empezamos a decirle: *que estés bien, que seas feliz*. Expresamos este desiderátum y recogemos la atención en el área cordial, experimentando amor y bondad hacia esa persona, y volvemos a expresar el desiderátum. Practicamos de esta manera hasta que consideremos finalizar la práctica.

Las instrucciones son las mismas para la práctica de compasión hacia personas simplemente conocidas y hacia personas con las que, por diversos motivos, no nos llevamos bien. La práctica con estas últimas personas suele ser complicada, pues nos resulta difícil desear bienestar a personas que nos han hecho daño en algún momento de nuestra vida. Necesitamos, pues, paciencia con nosotros mismos y, cada vez que durante la práctica nos rebelemos a desearles felicidad, observaremos nuestras resistencias y volveremos al *estado mindful*, donde la ecuanimidad está presente. Las bases para las prácticas de compasión son la empatía y la ecuanimidad. Sin una ecuanimidad bien desarrollada las prácticas de compasión son una fantasía y los pilares de la ecuanimidad no son otros que la serenidad y el *estado mindful*. Podemos ver, entonces, que la práctica está encadenada: serenidad-*estado mindful*-ecuanimidad-compasión. Es como un viaje de nosotros mismos a los demás. De nosotros mismos, sanados del sufrimiento de nuestras neurosis, a la ayuda para aliviar el sufrimiento de aquellos que la requieran.

Practicando con la alegría

Como hemos comentado, en al ámbito budista la alegría está considerada, junto con el amor-bondad, la compasión y la ecuanimidad, una de las *Cuatro Emociones Sublimes* o Brahma Vihara. La alegría se siente como una experiencia vívida, agradable y generadora de bienestar que cambia absolutamente nuestro estado de ánimo, nuestras actitudes y la forma en que nos relacionamos con nosotros mismos y los demás. Opuesta a la tristeza, la alegría nos proporciona optimismo y disfrute de la vida.

Podemos fomentar la presencia de la alegría en nuestra vida realizando la siguiente práctica:

- Nos sentamos confortablemente y relajados. Nos tomamos unos instantes para relajar tensiones y prestamos atención a la respiración, procurando no quedarnos enganchados en ningún pensamiento. Permanecemos haciendo esta etapa de la práctica hasta que nos serenemos suficientemente.

- Llevamos la atención al área pre-cordial y posamos una mano en esa parte del cuerpo a fin de experimentarla con más facilidad y nos abrimos a las sensaciones que sintamos. Observamos las sensaciones térmicas, de movimiento (debidas a la respiración) y de contacto que experimentemos y centramos la atención en esas sensaciones, familiarizándonos con ellas, con el área pre-cordial. Permanecemos en esta etapa el tiempo que necesitemos para sentir el área pre-cordial bien delimitada.

- Centrada la atención en el área pre-cordial, imaginamos que respiramos por esa parte del cuerpo, que el aire entra y sale por esa área. Sentimos como si respirásemos por el área precordial lenta, profunda y acompasadamente. Poco a poco, empezaremos a experimentar un sentimiento de bienestar.

- Generamos, entonces, un sentimiento de alegría en el área pre-cordial. Nos podemos ayudar del recuerdo de alguna situación en la que nos hayamos sentido alegres y contentos para que nos evoque el sentimiento y nos sea más fácil generarlo. Mientras, seguimos sintiendo como si respirásemos por centro del pecho con esa respiración lenta, profunda y rítmica, sentimos que esa respiración va haciendo cada vez más vivo el sentimiento de alegría, el cual se va expandiendo por todo nuestro cuerpo y nuestra mente, como si nos inundase. Cuando la alegría se expande a la cara, sonreiremos. Esta sonrisa, al asociarse con la alegría experimentada en al área pre-cordial, nos será útil como anclaje para promover la alegría en la vida cotidiana.

Prácticas complementarias

Las prácticas que hemos visto son prácticas formales que realizamos sentados y que, seguramente, no podremos realizar cuando estamos metidos en la vida diaria. Las dos prácticas que vamos a describir ahora son adecuadas mientras estamos sumidos en las actividades cotidianas.

Si recordamos, cuando dábamos las instrucciones para sentarse en meditación, sugeríamos esbozar una suave sonrisa que ayudase a soltar la tensión que acumulamos en los maxilares, tensión que está relacionada con nuestras emociones, especialmente con la ira (el dicho popular no es otro que *estoy que muerdo* para referirse a que uno está enojado o agresivo). Bien, podemos esbozar consciente e intencionalmente esa suave sonrisa durante las actividades diarias, conectándola con el área cordial, como si emanara desde ese área corporal. Entonces, empezamos a contemplar a cada una de las personas con las que nos vayamos encontrando o con las que interaccionemos desde el área pre-cordial conectada a esa suave y afable sonrisa. Si realizáis esta práctica, notaréis que vuestra actitud hacia otras personas es más abierta y bondadosa. Experimentaréis una mirada compasiva a los demás y, también, sentiréis bienestar, puesto que estáis generando en vosotros mismos paz y cordialidad.

La segunda práctica que podemos realizar en la vida cotidiana es ir deseando bienestar y felicidad a todas las personas con las cuales nos encontremos. Por ejemplo, si vamos paseando por la calle, podemos ir expresando silenciosamente, claro, a cada persona con la que nos crucemos, aunque sean desconocidas, *que estés bien, que seas feliz*. Podemos hacer lo mismo con cualquier persona con la que interaccionemos. Esta práctica cambia, también, nuestra actitud a la hora de relacionarnos, haciéndola más cordial y benevolente.

También podemos practicar con nuestras intenciones, haciéndonos conscientes de las mismas cuando tienen lugar y no solo de las que consideremos importantes. La intencionalidad impregna cuanto hacemos. Por ejemplo, si estamos sentados y vamos a levantarnos, hay intencionalidad de levantarse y, entonces podemos hacernos conscientes de ella antes de levantarnos y hacernos conscientes de la acción de levantarse. Montamos en un ascensor y queremos ir al bajo y, antes de pulsar el botón del bajo, nos hacemos conscientes de la intención de hacerlo. La intencionalidad precede a todo cuanto hacemos.

La práctica de la autocompasión (versión abreviada)

Realizamos las prácticas de autocompasión y de compasión desde la sensación sentida de amor-bondad. La versión abreviada nos permite realizar la práctica en cuatro etapas o pasos.

1. Nos sentamos de manera que nos sintamos cómodos y relajados, tomándonos unos instantes para relajar tensiones y prestamos atención a la respiración, procurando no quedarnos enganchados en ningún pensamiento. Permanecemos haciendo esta etapa de la práctica hasta que nos serenemos lo suficiente.

2. Llevamos la atención al área-precordial y posamos una mano en esa parte del cuerpo a fin de experimentarla con más facilidad y nos abrimos a las sensaciones que sintamos. Encontraremos sensaciones térmicas, de movimiento (debidas a la respiración) y de contacto. Centramos la atención en esas sensaciones, familiarizándonos con el área pre-cordial. Permaneces en esta etapa el tiempo que necesitemos para sentir el área pre-cordial bien delimitada.

3. Centrada la atención en el área pre-cordial, imaginamos que respiramos por esa parte del cuerpo, que el aire entra y sale por esa área. Sentimos como si respirásemos por el área pre-cordial lenta, profunda y acompasadamente. Poco a poco, empezaremos a experimentar un sentimiento de bienestar (*).

4. Generamos un sentimiento de amor-bondad en el área pre-cordial. Nos podemos ayudar del recuerdo de alguna situación en la que hayamos sentido amor-bondad para que nos evoque el sentimiento y nos sea más fácil generarlo. Mientras, seguimos sintiendo como si respirásemos por centro del pecho con esa respiración lenta, profunda y rítmica y experimentamos que esa respiración va avivando el sentimiento de amor-bondad. Cuando este sea estable, iniciamos el *desiderátum* diciéndonos a nosotros mismos: *que yo esté bien, que yo sea feliz*. Nos deseamos bienestar y felicidad de corazón. Me digo: *que yo esté bien* y, entonces, llevo la atención al área-precordial, donde estoy sintiendo amor-bondad.

> Me digo: *que yo sea feliz* y llevo la atención al área-precordial, donde estoy sintiendo amor-bondad. Y así sucesivamente. Realizamos la práctica durante el tiempo que consideremos oportuno.
>
> (*) Esta práctica puede realizarse para sentir un sencillo bienestar psicológico. Los tres primeros pasos son idénticos a los de la práctica de autocompasión que acabamos de describir. Solo varía el cuarto paso: generamos en el área pre-cordial un sentimiento sencillo de bienestar. Nos podemos ayudar del recuerdo de alguna situación en la que hayamos sentido un bienestar simple (puede ser recordar estar tumbados sintiendo la calidez del sol, una ducha o un baño relajante o cualquier otra situación que nos haya generado un sencillo bienestar), para facilitarnos el sentimiento. Una vez que lo estamos experimentando, sentimos que esa respiración "como si respirásemos por el área precordial" lo va avivando y sentimos que se expande por nuestro cuerpo y nuestra mente. Nos sentimos inundados o sumergidos en ese sentimiento de bienestar. Permanecemos realizando la práctica el tiempo que entendamos oportuno.

Resumiendo

En este nivel II de la práctica hemos estabilizado el *estado mindful de consciencia* y nos hemos ido adiestrando en impregnar con ese *estado mindful* las actividades de la vida cotidiana. Hemos practicado a fin de equilibrarnos emocionalmente, aprendiendo a autorregular nuestras emociones con *mindfulness*. Hemos, también, cultivado la ética abriéndonos al cultivo de la intencionalidad, de la motivación que rige nuestras acciones. Hemos aprendido a cultivar una intencionalidad bondadosa, compasiva y alegre desde la sensación y el sentimiento sentidos. El amor-bondad, la compasión y la alegría constituyen, junto con la ecuanimidad (que ya hemos cultivado durante las prácticas del Nivel I) los Brahma Vihara o *Cuatro Emociones Sublimes*, las cuales completan la instrucción a fin de que esta sea beneficiosa en nuestro mundo de relación social, tanto para nosotros como para las demás personas. Abordaremos en el tercer nivel de enseñanza de la práctica los pilares fundamentales para el desarrollo de la sabiduría.

Nivel III: Consciencia *mindful* sin elección, estado de presencia y reestructuración cognitiva

Deseamos ser felices, pero no podremos serlo si no equilibramos nuestra atención, nuestras emociones, nuestras intenciones y nuestra cognición, es decir, nuestra forma de interpretar el mundo, de verlo. Tras haber equilibrado nuestra atención mediante su cultivo con *mindfulness* y obtenido el fruto de la serenidad, hemos señalado el *estado mindful de consciencia*, lo hemos estabilizado y lo hemos llevado a la vida cotidiana. Hemos cultivado la autorregulación de nuestras emociones, aceptándolas y desactivando su virulencia mediante una observación atenta que nos ha proporcionado comprensión de las mismas, de su función en nuestras vidas. También, hemos equilibrado nuestra intencionalidad y, al cultivar la compasión hacia nosotros mismos y hacia los demás, nos hemos adentrado en la bondad como fundamento ético. En este nivel III, la práctica se va a centrar, partiendo de la consciencia sin elección, en promover una reestructuración cognitiva que nos permita interpretar la realidad tal cual es y no tal cual nuestros deseos, aversiones o indiferencias nos la presentan. Este nivel III nos invita al desarrollo de la sabiduría.

Practicando la consciencia mindful sin elección

Durante la práctica de *consciencia mindful* que hemos venido realizando, hemos ido liberando los pensamientos en cuanto nos dábamos cuenta de que estábamos pensando. De esta manera, ahondábamos en la desidentificación del discurso mental a fin de lograr que, interpretaciones de la realidad que iban emergiendo enraizadas en hábitos cognitivo-emocionales-motivacionales del pasado y disfuncionales, no gobernaran nuestra conducta. Se trataba de darnos un respiro. Nos dábamos una oportunidad para responder a la realidad en función de lo que estaba presente en cada momento y no en función del pasado. Ni qué decir tiene que no se trababa de andar desmemoriados, sino de aprender a no sobreimponer a la realidad interpretaciones que, teñidas de pasado, bien pudieran hacer que nuestras respuestas fuesen desadaptativas. Liberábamos el pensamiento empleando la regla No R – No R (no resistirnos a la aparición de los pensamientos, pero no rendirnos a ellos, creando discursos alejados de la realidad) ganábamos libertad.

En esa etapa, las instrucciones para la práctica de la *consciencia mindful* nos indicaban liberar el pensamiento recogiendo nuevamente la atención en el silencio y, una vez en ese punto, reencontrar la lucidez y la ecuanimidad que, junto con el silencio mental caracterizan al *estado mindful de consciencia*. Ahora vamos a dar un paso más y, ya que tenemos recursos para no estar a su merced, vamos a incorporar los pensamientos a la práctica. Observamos que desde esa *consciencia mindful* serena, lúcida y ecuánime podemos ver cuándo la mente está en silencio y cuándo está en movimiento, es decir, cuándo hay pensamiento. Nos asentamos en esa consciencia que, además de darse cuenta de los estímulos externos y del cuerpo, se da cuenta del silencio y del movimiento de la mente y no elige estar en silencio frente al movimiento de la mente o viceversa. Ya no hacemos nada con los pensamientos, sino que somos testigos del devenir *silencio-pensamiento*. Esta *consciencia mindful* ya no elige, sino que es serena y lúcidamente consciente de todo cuanto aparece en ella, aceptándolo ecuánimemente.

En esta etapa de la práctica, la identificación de la serenidad con el silencio mental no se produce como tal. Podremos observar que, a pesar de que la mente no está silenciosa y podemos monitorizar nuestros pensamientos, estamos muy alejados de la agitación, sintiendo calma y paz mental. Los pensamientos no estorban, sino que emergen en esa *consciencia mindful* y desaparecen en ella.

Practicamos para que esta consciencia sin elección se vaya expandiendo a todos los fenómenos en el curso de la vida diaria, aceptándolos con ecuanimidad. Ya no preferimos esto frente a aquello otro, si no que aceptamos lo que va viniendo de la vida. No es que vivamos al margen de lo que sucede, sino que desarrollamos una comprensión serena y clara de ello, con ecuanimidad. Esta comprensión, y no nuestros prejuicios e ideas acerca de cómo deberían ser necesariamente las cosas, nos dirá qué hemos de hacer en las situaciones que estén sucediendo. Soltando los prejuicios, cultivamos una mente de principiante. La consciencia sin elección es una práctica de aceptación y una magnífica manera de impregnar la vida cotidiana con la práctica, siendo cada vez más conscientes, serenos y ecuánimes en nuestra vida.

Uno de los frutos de la consciencia sin elección es que podremos observar y aceptar en la vida diaria la ingente cantidad de fenómenos que van ocurriendo, el juego de la vida, y que podremos hacerlo serena, lúcida y ecuánimemente. Nos sentiremos acompañados por todos y cada uno de esos fenómenos. Descubriremos que no estamos solos, que nunca más estaremos solos, que estamos rodeados e inmersos en ese juego de la vida y que el aburrimiento se ha evaporado. Cuando hemos estabilizado esta consciencia sin elección, podemos dar un paso más y empezar a practicar el estado de presencia.

La consciencia sin elección en la vida cotidiana

El Gran Camino no es difícil
para aquellos que no tienen preferencias.
Abandona deseo y aversión
y se te revelará por sí mismo...

Seng-Ts'an.
Tercer Patriarca Chan

Una de las cosas que con frecuencia constriñen en la práctica de la consciencia sin elección en la vida cotidiana es que, si bien la observación serena, lúcida y ecuánime de lo que va aconteciendo, sin deseo-apego o rechazo, fortalece nuestra capacidad de aceptación, puede conducirnos a la indiferencia y a la pasividad. Sin embargo, aceptar no es resignarse, ser indiferente o pasivo, sino estar lúcida, serena y ecuánimemente conectados con lo que está sucediendo aquí y ahora y con la manera que esté sucediendo.

Lo que la consciencia sin elección regula es la reactividad emocional que puede emerger por preferir una cosa frente a otra. Cuando tengo preferencias pueden aparecer el rechazo o el deseo-apego. Es este surgimiento de la aversión y del deseo-apego lo que la práctica de la consciencia sin elección nos ayuda a regular gracias a la ecuanimidad que subyace en ella, lo que no nos impedirá realizar acciones e intervenir con la mayor inteligencia en las situaciones que vivamos. "Vemos" qué ocurre e intervenimos con inteligencia en función del contexto en el que estemos, no gobernados por nuestra emocionalidad.

Podemos emplear esta práctica de consciencia sin elección como base para algunas de prácticas ulteriores que nos ayudarán a realizar una reestructuración cognitiva, como son las prácticas de impermanencia, esencia o "todo está impregnado de consciencia".

El estado de presencia

En el primer capítulo comentábamos que algunos expertos (Román, 2002) plantean que, etimológicamente, el significado primario de la palabra *sati* (*mindfulness*) es recordar o no olvidar (recuerdo como presencia de sí). En esta etapa de la práctica de la *consciencia mindful*, nos hacemos conscientes de que estamos conscientes. Ser conscientes de que somos conscientes es la práctica del estado de presencia y la realizamos tanto en meditación formal como en meditación en la vida cotidiana. Los fenómenos que nos proporcionan los sentidos y de los cuales podamos ser conscientes pasan al fondo, siendo la consciencia misma la figura de la atención. Presto atención al hecho de que soy consciente y me doy cuenta de que lo soy. Permanezco en esta consciencia de ser consciente y me doy cuenta de que, simplemente, soy, que no necesito ser esto o aquello, conseguir esto o aquello, sino que, simplemente, soy. Permanezco en esa consciencia de *simplemente ser o existir* y puede que sienta gozo simplemente siendo.

Podemos estar en estado de presencia en la vida diaria, pero hemos de tener en cuenta que la atención es, como todo, un recurso psicológico limitado. De hecho, solo atendemos plenamente un objeto a la vez. Cuando creemos que estamos atendiendo varios objetos o situaciones a la vez, si observamos bien, nos damos cuenta de que lo que ocurre es que la atención oscila de uno a otro con mucha rapidez. Cuando practicamos el estado de presencia en la vida cotidiana, atendemos lo que estamos haciendo o, sin más, lo que nos llega vía los sentidos mientras que mantenemos una parte de la atención puesta en la presencia, es decir, en ser conscientes de que somos conscientes. Si observamos bien, nos daremos cuenta de que lo que ocurre es que la atención oscila, va con rapidez de aquello que nos proporcionan los sentidos a la presencia. Puede resultarnos útil anclar la experiencia de presencia a la sensación global del cuerpo o, por ejemplo, al contacto de los pies con el suelo, de manera que la atención al cuerpo despertará la presencia.

En la actividad de la vida diaria, a veces, la naturaleza de las tareas que tenemos que realizar requiere de toda nuestra atención y no podemos depositar una proporción en el hecho de ser conscientes (presencia). En estas ocasiones, la práctica no va a ser otra que atención plena a lo que estamos realizando. Hemos de practicar en cada ocasión en función de la naturaleza de la misma y de los recursos que nosotros tenemos en cada momento. Olvidamos la idea de que hay una práctica que es superior a otra y practicamos en función de lo posible en cada instante. Habrá ocasiones en las que nos será posible practicar la presencia y, otras, practicaremos atención plena a los fenómenos que aparecen en la consciencia, lo que sentimos, pensamos y hacemos. Ambas prácticas son correctas. Practicamos en función de lo posible, pues lo importante es practicar.

Reestructuración cognitiva

Hemos equilibrado nuestra atención, nuestras emociones y nuestras intenciones. Es el turno de abordar el amplio territorio de nuestras interpretaciones acerca de la realidad. El detectar nuestros pensamientos irracionales y cambiarlos es un pilar fundamental de la psicoterapia cognitivo-conductual. El fundamento no es otro que el hecho de que nosotros no respondemos en función de la realidad, sino en función de cómo la interpretamos. Este es un hecho evidente. Es tan evidente como que, por ejemplo, el trágico hecho de la muerte de personas en un conflicto bélico es, para unos, daños colaterales esperables, mientras que, para otros, son asesinatos que reclaman venganza. No respondemos en función de la realidad, sino en función de nuestras interpretaciones de la realidad. Por eso es importante que ahora consideremos la necesidad de equilibrar la manera en que interpretamos la realidad.

Recordemos que la realidad que experimentamos (lo que vemos, oímos, gustamos olemos, tocamos y pensamos) es una realidad construida. Construimos la realidad en tres niveles: biológico, socio-cultural e individual. Nuestros receptores sensoriales son los de nuestra especie y transducen la energía exterior de una manera específica en señales que pueden ser interpretadas por las neuronas de nuestro sistema nervioso central, el cual también es el de nuestra especie. La construcción por nuestra parte de la realidad que nosotros llamamos "cueva" es muy distinta a la del murciélago, que posee unos receptores y un cerebro distintos al nuestro. La estructura social y la cultura en la que nos socializamos modela, también, la construcción de la realidad e, incluso, una misma estructura socio-cultural puede, a lo largo de su historia, ir cambiando la construcción de una misma realidad. En definitiva, aprendemos valores y pautas sociales y este aprendizaje es posible gracias a una propiedad que tienen las neuronas de nuestro cerebro: la plasticidad neural. El tercer nivel es el nivel biográfico. Nuestras experiencias personales, siempre particulares, contribuyen a la construcción de la realidad. Por ejemplo, una determinada experiencia puede improntar mi conducta de una manera muy distinta a la que improntaría a otra persona. Nuestros aprendizajes particulares modelan cómo construimos la realidad gracias a una de las características de la plasticidad neuronal, la cual hace posible que grupos neuronales que se activan a la par durante eventos concretos tienden a activarse juntos en el futuro, formando redes neuronales que se activan cuando tienen lugar esos eventos concretos. Así pues, la realidad que vivimos es una realidad construida y lo que sea la realidad en-sí es desconocido para nosotros. Solo tenemos consciencia de lo dado y lo dado, es decir, los fenómenos, es algo construido en tres niveles: biológico, social e individual.

Nuestra errónea comprensión o interpretación de la realidad es la causa de nuestro sufrimiento. La ignorancia (no comprender cómo es la realidad) es la causa del sufrimiento, dirían los budistas. La buena noticia es que nuestras construcciones de la realidad resultan ser un aprendizaje posible gracias a la plasticidad neural. Dicho de otra manera: si hemos aprendido construcciones cognitivo-emocionales (interpretaciones) que nos causan sufrimiento, puesto que somos capaces de aprender gracias a la plasticidad neural, podemos aprender construcciones (interpretaciones) que tengan en cuenta cómo es la realidad y nos aporten bienestar psicológico. Bien, este es el fundamento del cambio vital que la práctica acaba proveyendo.

Nuestras construcciones erróneas de la realidad están asociadas a los sucesos concretos que van ocurriendo en nuestra vida y todas ellas tienen su raíz en la no comprensión de los principios que gobiernan la realidad. Estas son: 1) Todo es transitorio. 2) Todo es contingente. 3) Toda conducta o acción tiene una consecuencia. 4) Todo está impregnado de consciencia.

La impermanencia es un hecho evidente. Todo está en continuo cambio. Aquella frase de que *no te bañarás dos veces en el mismo río*, que fue la manera en que Heráclito nos habló de la impermanencia, se refiere a un hecho evidente, un principio, algo que no necesita demostración. Sin embargo, este es un principio que nos cuesta aceptar. No queremos que la realidad cambie. Tenemos la infundada esperanza de que sea permanente y un miedo atroz a que no lo sea y, a consecuencia de este miedo, elaboramos discursos mentales negando la impermanencia. Estos discursos mentales, irracionales y generadores de sufrimiento, son el sustrato de acciones que, a la postre, resultan ser igualmente irracionales y causantes de sufrimiento.

No estamos hablando de ser como rocas o leños secos. Estamos hablando de aceptar la realidad tal cual es, es decir, de tener una comprensión clara y serena de lo que está ocurriendo. Si perdemos a un ser querido, no por comprender la impermanencia no nos va a doler, pero ese dolor no se acrecentará con un sufrimiento secundario tan añadido como innecesario. La aceptación de la impermanencia tiene la dificultad de la aceptación de la enfermedad, la vejez y la muerte, pero no de la enfermedad, la vejez y la muerte en abstracto, sino de nuestra (mi) enfermedad, nuestra (mi) vejez y nuestra (mi) muerte. Si aceptar la enfermedad, el envejecimiento y la muerte de seres queridos ya es difícil, aceptar que eso nos pasa o pasará a nosotros es un hueso duro de roer. Para aceptar la impermanencia no basta con la comprensión intelectual. Necesitamos practicar diligentemente.

Practicando con la impermanencia

La impermanencia de las sensaciones

En *estado de consciencia mindful* vamos prestando atención a las sensaciones que nos van proporcionando los sentidos. Dedicaremos al menos una semana para cada uno de los sentidos. No solo en lo visto habrá lo visto, sino que, además, nos haremos plenamente conscientes de cuándo la sensación visual aparece y de cuándo desaparece. Haremos la misma práctica con el oído, el gusto, el olfato y el tacto, así como con las sensaciones del exterior y el interior del cuerpo. Observaremos su surgir y su desaparecer. Intentaremos retener una sensación, hacerla permanente, y observaremos que no podemos retener las sensaciones, que estas se dan en un fluir que consiste en surgir, estar y desaparecer. Esta práctica también podemos realizarla en la vida cotidiana, siendo plenamente conscientes del surgir y desaparecer de las sensaciones. A veces, las sensaciones, sobre todo las del cuerpo, desaparecen y se convierten en otra, es decir, cambian. Seremos conscientes del cambio.

La impermanencia de los pensamientos

En *estado mindful* observamos ecuánimemente el surgir y desaparecer de los pensamientos. Observamos que una de las características que tienen es la de ser transitorios. Intentaremos retener un pensamiento y nos daremos cuenta de que no podemos retenerlo, que si queremos que vuelva a estar presente en nuestra consciencia habremos de recurrir a la memoria y traerlo desde la memoria. No podemos retener, solidificar, los pensamientos, si bien en el estado de consciencia ordinario nos puedan parecer sólidos.

La impermanencia del deseo y del apego

Practicamos la observación serena lúcida y ecuánime de las sensaciones que surgen cuando experimentamos eso que llamamos deseo. El deseo es una tensión que, asociada a pensamientos, nos induce a actuar. Esta tensión la experimentamos en el cuerpo como una especie de desazón impulsiva. En el budismo, el deseo es una de las causas principales del sufrimiento y desde el *estado mindful de consciencia* podemos contemplar esas sensaciones y sus pensamientos asociados con calma, lucidez y ecuanimidad. También los sentimientos de apego se experimentan como sensaciones que asocian pensamientos y pueden ser observados con atención plena desde el *estado mindful*. El deseo y el apego surgen, están presentes un cierto tiempo y desaparecen.

Impermanencia: la separación o muerte de un ser querido

Esta práctica acerca de la separación o la muerte de un ser querido es una práctica dura que no aconsejo realizar si uno no se siente preparado. Después de haber realizado práctica de serenidad y asentarnos en el *estado mindful* de consciencia, imaginamos activamente que un ser querido fallece o, bien, se separa de nosotros y nos establecemos en esa imaginación, diciéndonos *fulanito (su nombre o el parentesco que tenga con nosotros) está muerto* o, bien, *se ha ido, me ha dejado* o *he roto con él*. Iremos, a la par, observando y aceptando las emociones (ver práctica con las emociones) que se vayan suscitando, así como los pensamientos que vayan emergiendo en torno a este doloroso suceso de nuestra vida. Vamos, también, a reflexionar activamente acerca de la muerte, la separación y la impermanencia, dejándonos impregnar por las connotaciones emocionales y conceptuales que esta reflexión suscite. No miramos hacia otro lado, sino que aceptamos experiencialmente que todo es transitorio y que la vida es, en definitiva, una sucesión de *holas* y *adioses*.

Impermanencia: nuestra propia muerte

Si la práctica anterior entrañaba dureza, esta puede serlo aún más. Nos serenamos y asentamos en el estado *mindful* y nos decimos *yo voy a morir, soy un ser que morirá y no sé cuándo ni cómo* e imaginamos activamente nuestra propia muerte. Al igual que en la práctica anterior, observamos y aceptamos las emociones y los pensamientos que vayan emergiendo tanto por el sentimiento de nuestra muerte como por el impacto que este hecho pueda tener en otras personas. No evitamos, sino que nos permitimos experimentar lo que sintamos y pensemos. Reflexionaremos sobre nuestra propia muerte que, en realidad, es una reflexión sobre la finitud de nuestra vida y la urgencia de, por ello, vivirla plena y felizmente en armonía con quienes y lo que nos rodea. Puesto que es finita, merece ser vivida en plenitud y no se puede vivir en plenitud la vida si no somos conscientes momento a momento y no vivimos conforme a sus principios. Este es el *carpe diem* de los clásicos. Terminaremos reflexionando activamente acerca de que aquello que pueda ser la muerte es un fenómeno de consciencia. No sabemos si el último (solo lo podremos averiguar cuando muramos, si es que es posible) pero, sin duda, un fenómeno de consciencia. Todo lo que ocurre en nuestra vida, y la muerte ocurre en nuestra vida, es un fenómeno de consciencia y mediante la práctica hemos ido aprendiendo a aceptarlos serena, lúcida y ecuánimemente.

Estas prácticas, debido a su dureza, es mejor realizarlas en el contexto de un retiro.

Practicando con la contingencia

Que algo es contingente significa que no existe por sí mismo, sino que depende de otro. Todo es contingente, depende de otro, de otra cosa. Todo es interdependiente. En el budismo se dice que todo está vacío, indicando que nada existe por sí mismo. Para los occidentales, que no hemos aprendido a nadar en la impermanencia, esto causa mucho miedo pues, entonces, sí que no hay nada a lo que aferrarse, en lo que apoyarse definitivamente. Siddhartha, el Buda histórico, estableció la doctrina del no-yo, señalando que no hay sustancia que haga que una cosa sea lo que es. Si ponemos el ejemplo de una silla, podemos preguntarnos qué es lo que hace que la silla sea silla, digamos que nos preguntamos acerca de la *silleidad*. ¿Qué es lo que hace que una silla sea silla? ¿Los materiales de construcción? No, puesto que se fabrican de muy distintos materiales. ¿Su función? Tampoco, ya que otros muchos objetos pueden cumplir la función convencional de una silla y, además, una silla puede usarse para más cosas que sentarse. ¿Si desmontamos una silla, dónde está silla? La silla no tiene *silleidad*, no tiene entidad permanente. Lo que llamamos silla es una forma, una estructura de relaciones de varios elementos que, si la deshacemos desaparece, a la que hemos puesto un nombre.

Nombre y forma nos acaban dando la impresión de que la silla es silla por sí misma, pero es una falsa interpretación de lo que es una silla. Esta falsa impresión de entidad permanente la solemos tener respecto a todo, personas y cosas, incluso respecto a elementos tan volátiles como los pensamientos, pero la tenemos especialmente respecto a nosotros mismos, creyendo que tenemos un *Yo*, que hay una entidad permanente que nos sustenta y que hace que seamos como somos. Cuando David Hume realizó su conocida indagación acerca de la identidad personal concluyó que nunca se podía atrapar a sí mismo en ningún caso sin una percepción y que nunca podía observar otra cosa que la percepción. No somos, concluyó, sino un haz o colección de diferentes percepciones, que se suceden con rapidez inconcebible y están en continuo flujo o movimiento. Para Hume, es la memoria, que nos permite familiarizarnos con esa sucesión de percepciones, la fuente del sentimiento y la idea de una identidad personal. Recordar da la impresión de continuidad en el tiempo, de tener un pasado. El que soy ahora no es el que fui, pero recuerdo que fui. Ese recuerdo salva el abismo (da continuidad) entre lo que fui y lo que soy. Ese recuerdo da sensación de continuidad y esa sensación sustenta la idea de un *Yo*, de una entidad que permanece en el tiempo. Es un constructo mental basado en la memoria, en el pasado: si recuerdo que fui y, ahora, aunque alguna característica en mí haya cambiado, también soy, supongo entonces que algo mío permanente, mi entidad, mi *Yo* ha permanecido entre ayer y hoy. El *Yo* es una idea, un concepto que salva la impermanencia de las características que observo en mí.

Una visión del *Yo* como concepto o categoría mental la encontramos, como ya hemos comentado, en Gilbert Ryle. Ryle, a través del ejemplo ya descrito, escenificó claramente el error que sufrimos. No comprendemos que todos nuestros procesos corporales y mentales presentes, pasados (memoria) y futuros (imaginación) son los elementos de un conjunto que llamamos *Yo* y que el *Yo* no es un proceso al igual que los corporales o los mentales, sino una categoría conceptual para aglutinar esos procesos concretos. Esto es lo que se conoce como error categorial. El *Yo* es una categoría o concepto con el que nos referimos al conjunto formado por nuestro cuerpo y su fisiología, nuestros recuerdos, hábitos cognitivos, emocionales, motivacionales y de conducta y a las variaciones de los mismos en el tiempo. Los recuerdos y las motivaciones tienden un puente entre un pasado que no existe, un presente volátil y un futuro que tampoco existe. Este puente da la impresión de que hay un continuo de entidad, un *Yo*, pero este es una categoría mental.

Podemos considerar el *Yo* o *Ego* como la categoría o conjunto mental que reúne nuestro estilo de pensar, sentir, percibir, emocionarse, motivarse y comportarnos. Hasta aquí, salvo el error categorial de llegar a considerar esta categoría o conjunto mental como si fuese una cosa del mundo real, digamos que creer que uno tiene un *Yo* o *Ego* no desencadena demasiado sufrimiento. El sufrimiento se desencadena cuando, además, establecemos ese conjunto particular como el canon, la vara de medir de cómo debe o debería ser la realidad. El sufrimiento empieza cuando la realidad no nos obedece, no se ajusta al canon y es como es y no como, según el canon, a nosotros nos gustaría que fuese. Se establece cuando no aceptamos la realidad tal cual es.

El *Yo*, considerado como una entidad que tiene continuidad, nos permite salvar falsamente el abismo que nos causa más miedo: la muerte. Si creemos que va a permanecer después de la muerte, el tránsito puede que sea menos aversivo. Alternativamente, hay otras opiniones que sostienen lo contrario, que nada permanece. La verdad, siendo honestos, lo único que podemos decir al respecto es que no sabemos y aprendemos a vivir en ese no saber. Sí sabemos, sin embargo, que tenemos sensaciones, percepciones, pensamientos, emociones, motivaciones, aprendizajes, recuerdos y conductas particulares, y que al conjunto de todo ello en la perspectiva temporal (pasado, presente, futuro) le llamamos *Yo* y que ese *Yo* es producto de contingencias, depende de la naturaleza, la cultura, los objetos, los otros. No existe por sí mismo.

Buscando la esencia de las cosas, de las personas, del deseo y del apego

Esta es una práctica sencilla, pero poderosa, que podemos realizar tras serenarnos y asentarnos en el *estado mindful*. Consiste en realizar una averiguación para encontrar la esencia de los fenómenos que se nos vayan presentando, bien sean visuales, auditivos gustativos, olfativos o táctiles, bien sean cosas, sucesos o personas. Realizamos la misma práctica con los pensamientos, intentamos saber en qué consisten, en conocer su esencia y, también, con los sentimientos de deseo y apego.

Meditando sobre el Yo

Una vez serenos y asentados en el *estado mindful*, realizaremos una introspección buscando nuestro *Yo*. Exploraremos el cuerpo para ver si podemos encontrarlo en eso que llamamos cuerpo. Exploraremos la mente y buscaremos el *Yo* en alguna de sus partes o procesos. Exploraremos en nuestras relaciones, por si estuviera entre ellas. No encontraremos el *Yo* ni en el cuerpo, ni en la mente, ni en las relaciones sociales. Nos preguntaremos, entonces, *y esta sensación de identidad, ¿de dónde proviene?* y reflexionaremos activamente acerca de esta pregunta.

También, podemos realizar la práctica empleando la clásica pregunta de ¿quién soy yo? Si optamos por esta práctica, nos será útil seguir el procedimiento que exponemos a continuación: por ejemplo, experimentamos una sensación y nos preguntamos "esta sensación, ¿quién la siente?". Nos contestaremos, "yo, yo soy quien siente esa sensación", "y yo, ¿quién soy?". Si nos enredamos en pensamientos, nos preguntamos "¿quién está pensando esto?" Y nos contestaremos, "yo", "y yo, ¿quién soy?". Así con cualquier fenómeno que podamos experimentar. Es muy importante resaltar en esta práctica que hemos de estar siempre en la experiencia y no en los conceptos. Cuando nos preguntamos "y yo, ¿quién soy?", inmediatamente después de la pregunta se abre un espacio de silencio en el que podemos ser conscientes del *estado mindful de consciencia* y de que, en definitiva, somos ese vacío, ese silencio lúcido, y, a la vez, lo somos todo.

Nuestros actos tienen consecuencias

Que nuestros actos tienen consecuencias es algo, también, evidente. Este hecho se conoce en el budismo como *ley del karma*. Nuestros actos pueden tener consecuencias positivas, pero también negativas y, por ello, hemos de ser cuidadosos a la hora de realizarlos para no ocasionar sufrimiento a nosotros mismos y a los demás. La práctica de prestar atención plena a nuestras intenciones, que son los gérmenes de nuestras conductas, cobra aquí una especial relevancia.

Cuando en una situación las consecuencias de nuestras conductas son positivas, en el futuro, cuando estemos en situaciones muy parecidas o análogas, estas conductas tenderán a emitirse. Ocurrirá todo lo contrario si las consecuencias son negativas. Esto es lo que se conoce como *ley del efecto* en la psicología científica occidental. Así, nuestras conductas e intenciones quedan reguladas por las consecuencias que tienen. Además, cuando las consecuencias son negativas, tendemos a racionalizar y a echar la culpa a otros o a las circunstancias, mientras que cuando son positivas, tendemos a atribuirnos el mérito, engordando nuestro narcisista ego. En ambos casos, la práctica de la ecuanimidad nos será muy útil. Cuando las consecuencias son negativas, la ecuanimidad nos ayuda a aceptar, alejados de la inútil culpa, la parte de responsabilidad que pudiéramos tener en ello. Sin embargo, cuando las consecuencias sean positivas, nos ayudará a desidentificarnos del mérito narcisista y permitirá que cultivemos una humildad responsable.

En la práctica, realizamos una atención plena a nuestra intencionalidad, discriminando aquellas que son sanas y nos benefician a nosotros y los demás de aquellas que no lo son. No se trata de reprimir determinadas intenciones, sino de ver inteligentemente, con una consciencia lúcida, serena y ecuánime, la cadena intención-conducta-consecuencias y elegir aquellas que son sanas, que van a aportar felicidad.

En esta etapa, también cultivamos las virtudes de la generosidad, la paciencia y la disciplina. Reconocemos que existen en nosotros cuando las estamos experimentando. Sabemos, por ejemplo, que estamos siendo pacientes o generosos. Las cultivamos, realizando intencionalmente acciones generosas o pacientes o disciplinadas y siendo conscientes de ellas.

Todo está impregnado de consciencia

Completamos la reestructuración cognitiva de este tercer nivel del programa MBMB con una práctica dirigida al conocimiento de la realidad tal cual es. Hemos abordado el principio de impermanencia: todo lo que existe, lo que llamamos realidad, es transitorio. Hemos abordado el principio de contingencia: todo lo que existe es contingente, no existe por sí mismo. Vamos ahora a abordar que todo está impregnado de consciencia, somos animales de conocimiento. Sea conocimiento inmediato (consciencia de lo dado por los sentidos), sea conocimiento mediado (reflexionado), todo es conocimiento. No podemos hacer otra cosa que conocer. Lo que fundamentalmente hacemos es conocer, es decir, ser conscientes y todo está impregnado de esa función, de ser conscientes. La práctica que proponemos es darse cuenta de que todo es conocimiento, consciencia. Que ser conscientes lo impregna todo. Esta meditación la podemos realizar como práctica formal, después de habernos serenado y asentado en el *estado mindful*, o como práctica informal en la vida diaria y contribuye significativamente a dejar de considerar la realidad como algo sólido.

Todo es un fenómeno de consciencia, es consciencia y carece de dimensiones. Todo se sucede sin que lo podamos retener, como si estuviera escrito en el agua. Comprobamos que, a pesar de que la realidad se nos muestra como si fuese sólida, eso es una ilusión: todo lo que hay son fenómenos de consciencia, impregnados de consciencia. En esta práctica, cada vez que hay un fenómeno, este nos lleva a prestar atención a que estamos siendo conscientes y que no hay lo conocido y lo que conoce como elementos separados, sino que lo que hay es conocimiento, consciencia, y nos damos cuenta de ello. Esta es una práctica *no dual*. No sabemos cómo es la realidad en-sí. En última instancia todo es un misterio. Solo conocemos la realidad (las cosas, los sucesos, las personas) como un fenómeno de consciencia. Es con eso con lo que vivimos. Lo que llamamos vida, nuestra vida, es un juego de consciencia. Todo cuanto vemos, oímos, tocamos, sentimos, gustamos, olemos, pensamos e intuimos es conocimiento, está impregnado de consciencia y todo es ocasión de practicar alimento para la práctica.

La consciencia no es una cosa, un ente. Tampoco un lugar. La consciencia es un proceso cuya función es ser consciente de algo, es decir, la consciencia no es sin objetos de los que hacerse consciente. La consciencia es, también, como todo, contingente. Está, como todo lo demás, vacía. Descubrir esto puede producirnos un miedo pavoroso, pues no hay nada sólido en lo que nos podamos apoyar. No hay nada sustancial y permanente en lo que apoyarse o refugiarse. Sin llegar a descubrir esto, ya, de alguna manera, intuimos que no hay nada permanente a lo que aferrarse y, aunque insistamos una y otra vez, nada de lo que consigamos o a lo que nos aferremos acaba con ese desasosiego. Nuestro desasosiego existencial de fondo se origina en esta intuición. Sin embargo, podremos atravesar ese miedo existencial, esa angustia, navegando en la barca del *estado mindful de consciencia*, aceptando serena, lúcida y ecuánimemente la manera en que la realidad es. La confianza en la práctica y en sus probados frutos nos da seguridad. La práctica nos transforma. Cuando llegamos a la otra orilla, la angustia existencial se ha trascendido y la barca ya no es necesaria.

Espontaneidad

Practicamos con la espontaneidad de dos maneras. Una, siendo plenamente conscientes de que todos los fenómenos emergen de manera espontánea en nuestra consciencia, que somos conscientes sin esfuerzo alguno de cuanto va sucediendo o, dicho de otra manera, que construimos la realidad espontáneamente, sin esfuerzo, y vamos "viendo" cómo todas las sensaciones van emergiendo por sí solas. La segunda no constituye realmente una práctica, sino el hecho de darnos cuenta de que la práctica que hemos descrito nos conduce a desarrollar y estabilizar una atención plena y una mente calmada, lúcida y ecuánime que nos permite realizar una escucha, una observación, atenta de la realidad. De esta observación atenta irá, poco a poco, emergiendo la espontaneidad conductual. Sabremos qué decir y qué hacer de una manera natural, sin recurrir al pensamiento reflexivo, en muchas de las situaciones en las que nos encontremos, dando respuestas adecuadas y beneficiosas para los demás. No podemos practicar la espontaneidad conductual, pero sí podemos hacernos conscientes de ella cuando aflora en las situaciones que estemos viviendo. Al principio, aflorará tímidamente, después, empezará a convertirse en algo frecuente. La espontaneidad surge de esa espaciosidad serena que nos proporciona el cultivo del *estado mindful de consciencia*.

Prácticas de reestructuración cognitiva en la vida cotidiana

Practicando con la impermanencia: A lo largo del día podemos ir dándonos cuenta de cuándo los distintos fenómenos (visuales, auditivos, gustativos, olfativos, táctiles, propioceptivos e interoceptivos) desaparecen de nuestro campo de consciencia. Nos damos cuenta de su aparición, permanencia y desaparición o cambio, estando más pendientes de esta característica de impermanencia. Extendemos, también, esta práctica a los pensamientos, observando su cese y la emergencia del silencio subsiguiente, el cual, en algún momento, igualmente, cesa. También a las experiencias de deseo y apego. Recordamos darnos cuenta de la impermanencia de todos los fenómenos. Nos damos cuenta de que todo es cambiante, que la realidad es un flujo cambiante de aparecer y desaparecer.

Practicando con la esencia: Ante cualquier fenómeno intentamos averiguar cuál es su esencia, qué es lo que hace que sea eso y no otra cosa. Indagamos, especialmente, la esencia de los pensamientos y de los deseos. Intentamos atrapar las sensaciones y los pensamientos. Todo es como escrito en el agua.

Espontaneidad e impregnación de consciencia: Cobramos plena consciencia de que no necesitamos hacer ningún esfuerzo para ser conscientes, de que todos los fenómenos, lleguen por el canal sensorial que lleguen, aparecen sin esfuerzo, surgen como magia, sin que tengamos que hacer nada para ello. Nos damos cuenta de que todos ellos están impregnados de consciencia.

Nuestros actos tienen consecuencias: Cuanto hacemos tiene consecuencias y, a veces, estas consecuencias generan sufrimiento. Nuestras intenciones con la base de nuestras conductas, así que prestamos atención a nuestras intenciones, discriminamos si son sanas o no y vemos si nos conducen al bienestar propio y ajeno o, por el contrario, van a generar sufrimiento. Vemos a donde nos conducen y tomamos la decisión de llevarlas a término o no.

Resumiendo

En este nivel III aprendemos aceptación y presencia mediante las prácticas de consciencia sin elección y de estado de presencia. Estas prácticas nos sumergen en una nueva manera de estar en el mundo, que se completa con las prácticas que nos conducen a una restructuración cognitiva. En el nivel I de la práctica aprendimos a desarrollar nuestra serenidad y desvelamos el *estado mindful de consciencia*. En el nivel II, estabilizamos ese *estado mindful*, aprendimos a llevarlo a la vida diaria y cultivamos la ética desde la autorregulación de las emociones y la promoción de una intencionalidad bondadosa, compasiva y alegre. En este nivel III, la reestructuración cognitiva es el fundamento para el desarrollo de la sabiduría que nos permita ver las cosas como son: transitorias y contingentes, impregnadas de consciencia. Todo tiene el mismo sabor. Por último, observamos cómo todo emerge sin esfuerzo, sin proponérnoslo, incluso una conducta espontánea en respuesta a las situaciones que estemos viviendo. La reestructuración cognitiva es indispensable si queremos liberarnos del sufrimiento, pues es la sabiduría, no la meditación lo que, en última instancia, libera, aunque la meditación pueda ser necesaria para desarrollarla.

Epílogo

Los filósofos existencialistas veían a los seres humanos como seres para la muerte y condenados a la libertad, a elegir. Sin duda es así, pero durante esa condición que llamamos vida, en términos psicobiológicos, lo que estamos es condenados a adaptarnos. No podemos hacer otra cosa que adaptarnos a las circunstancias externas e internas y esta adaptación puede ser funcional (generadora de bienestar) o disfuncional (sufrimiento). Todos deseamos que nuestras adaptaciones nos proporcionen bienestar, pero el hecho es que muy frecuentemente lo que nos proporcionan es sufrimiento. La meditación basada en *mindfulness* nos facilita un aprendizaje: el de realizar adaptaciones favorables para uno mismo y los demás. Si el lector ha seguido paso a paso las instrucciones del programa MBMB podrá darse cuenta de que, en el transcurso de todo el entrenamiento ha ido aprendiendo una nueva manera de relacionarse consigo mismo, con otras personas, las situaciones y con las cosas. Las circunstancias en las que vive seguramente no han cambiado, pero sí la forma en que se relaciona con ellas, es decir, la forma en que se adapta a ellas de una manera más óptima y beneficiosa. Es en esto en lo que crece personalmente.

Con la práctica del programa MBMB hemos aprendido, primero, a desarrollar serenidad, reduciendo la habitual agitación mental en la que estamos inmersos. Mientras vamos desarrollando nuestra serenidad, vamos aprendiendo a desidentificarnos de los discursos mentales mediante la aplicación de la regla No R-No R, lo que nos facilita poder observar con atención plena las sensaciones del cuerpo (la respiración es, definitiva, un conjunto de sensaciones corporales) y, también, desarrollamos ecuanimidad, paciencia y perseverancia.

Desde la misma serenidad, cuando el discurso mental cesa, señalamos el *estado mindful de consciencia*. Esa consciencia serena, lúcida y ecuánime desde la que vamos a empezar a entrenarnos en contemplar la realidad, es decir, los fenómenos del mundo externo y el mundo interno. En esta observación del mundo nos puede seguir ayudando la regla la No R-No R, mediante la cual podemos desidentificarnos en cada momento de los discursos mentales disfuncionales. Obviamente, la práctica no va de no pensar, sino de no estar perdidos inconscientemente en nuestros pensamientos, especialmente, los que nos resultan tóxicos, desvinculados del cuerpo y del llamado mundo externo. Podemos darnos cuenta de que estamos pensando y sobre lo que estamos pensando y liberar el pensamiento. Así, el pensamiento se convierte en la herramienta que naturalmente es: la de resolver problemas para ayudarnos en la adaptación.

Poco a poco hemos ido relacionándonos con las cosas y las personas desde esa apertura silenciosa, sin la necesidad compulsiva de estarlo interpretando todo. En este punto, estábamos en disposición de iniciar el aprendizaje de autorregulación de nuestras emociones, aprendizaje que no es fácil, pues las emociones contienen una gran cantidad de energía. Cuando sabemos estar serenos, lúcidos y ecuánimes y somos capaces de autorregular nuestras emociones, es decir, de estabilizar nuestros estados de ánimo, es cuando estamos en la mejor disposición para aprender a equilibrar nuestra intencionalidad en la relación con otras personas, desarrollando compasión y autocompasión. Esto introduce un cambio significativo en la calidad de nuestras relaciones y nos abre al entrenamiento en el tercer nivel.

En el tercer nivel de la práctica, cultivábamos la consciencia sin elección y el estado de presencia, prácticas que consolidan nuestra capacidad de aceptación de todos los fenómenos, sean estos los que sean, y de estar realmente presentes aquí y ahora. Ambas prácticas nos potencian la habilidad de observar o contemplar serena, lúcida y ecuánimemente cualquier fenómeno que estemos experimentando. Esa poderosa capacidad de observación nos permite ir introduciendo un cambio en la forma que interpretamos el mundo y nuestra vida, cambio con el que hemos iniciado una reestructuración cognitiva que cambiará la forma en que interpretamos el mundo y nuestra vida. Experimentamos, entonces, la realidad tal cual es: un continuo flujo de fenómenos de consciencia, transitorios, contingentes y con un único sabor. Esto nos ayudará a transcender el miedo primordial, la angustia existencial, y podremos fluir en y con la realidad sin sufrimiento. La espaciosidad que hemos ido cultivando con la práctica dará paso a una interacción con el mundo más espontánea e inteligente que nos conducirá, sin tensión, a hacer lo que consideremos adecuado y adaptativo en cada situación que vivamos, sin olvidar, eso sí, que todos nuestros actos tienen consecuencias.

Se dice que el *gnothi seauton* que Platón puso en boca de Sócrates formaba parte de una inscripción existente en el frontispicio del templo dedicado a Apolo en Delfos y parte, también, de una sabiduría antigua. Este *conócete a ti mismo* no se refiere a un conocimiento externo ("desde fuera") en el que el ser humano es el objeto de estudio, sino que alude a una preparación interior, a un crecimiento personal que nos conduce al conocimiento de lo que realmente en última instancia somos. Es este conocimiento lo que constituye la sabiduría que libera de la ignorancia que, según el budismo, nos ata al sufrimiento e impide nuestro bienestar psicológico. En MBMB realizamos la práctica de meditación basada en *mindfulness* como un recurso muy valioso para ello (no exento del riesgo de perderse en el camino, por lo que una guía adecuada se hace necesaria) y cultivamos, igualmente, una actitud bondadosa y una comprensión correcta de la realidad. Todo ello, con perseverancia y convicción, nos conducen a esa estabilidad psicológica que todos deseamos y en la que nos sentimos liberados del sufrimiento.

Referencias

AALTO, S., BRÜCK, A., LAINE, M., NÅGREN, K. & RINNE, J.O. (2005). "Frontal and temporal dopamine release during working memory and attention tasks in healthy humans: a positron emission tomography study using the high-affinity dopamine D2 receptor ligand [11C] FLB 457". *J. Neurosci.* Mar 9; 25(10): 2471-7.

AINSWORTH, M. D. S., BLEHAR, M. C., WATERS, E., & WALL, S. (1978). *Patterns of attachment: A psychological study of the strange situation.* Hillsdale, New Jersey.

BOWLBY, J. *(1951). Maternal care and mental health.* Columbia University Press. Nueva York.

BOWLBY, J. (1969). *El vínculo afectivo.* Paidós. Buenos Aires.

BOWLBY, J. (1973). *La separación afectiva.* Paidós. Buenos Aires

BREWER, J.A., WORHUNSKY, P.D., GRAY, J.R., TANG, Y.Y., WEBER, J. & KOBER, H. (2011). "Meditation experience is associated with differences in default mode network activity and connectivity". *Proc Natl Acad Sci U S A,* 108 (50): 20254-20259.

BUCKNER, R.L., ANDREWS-HANNA, J.R. & SCHACTER, D.L. (2008). "The Brain's Default Network Anatomy, Function, and Relevance to Disease". *Ann. N.Y. Acad. Sci.,*1124, 1-38.

COMTE-SPONVILLE, A. (2006). *L'esprit de l'athéisme. Introduction à une spiritualité sans Dieu*. Albin Michel, París.

CORBÍ, M (2007). *Hacia una espiritualidad laica. Sin creencias, sin religiones, sin dioses*. Herder. Barcelona.

DARWIN, C. (1872/1967). *La expresión de las emociones en el hombre y en los animales*. S.E.M., Buenos Aires.

FOUCAULT, M. (1994). *La hermenéutica del sujeto*. Curso en el Collège de France 1981-1982. Ediciones de la Piqueta. Madrid.

GAZZANIGA, M.S. (1985/1993). *El cerebro social*. Alianza Editorial. Madrid.

GETHIN, R. (2011). "On some definitions of mindfulness". *Contemporary Buddhism*, May Vol. 12, No. 1, 263-279.

GILBERT, S.J., y BURGESS, P.W. (2008). "Executive function". *Current Biology,18,* R110-114.

HEBB, D. (1949/1985). *Organización de la conducta*. Debate, Madrid.

HUME, D. (1739/1740/1984). *Tratado de la naturaleza humana*. Barcelona. Ediciones Orbis.

JAMES, W. (1890/1989). *Principios de psicología*. Fondo de Cultura Económica, México D.F.

JAMES, W. (1892/1947). *Compendio de psicología*. EMECÉ Editores, Buenos Aires.

KABAT-ZINN, J. (1990/2004). *Vivir con plenitud las crisis*. Kairós, Barcelona.

KANT. I. (1781/1985). *Crítica de la razón pura*. Ediciones Orbis. Barcelona.

LAZAR S.W., KERR, C.E., WASSERMAN, R.H., GRAY, J.R., GREVE, D.N., TREADWAY, M.T., MCGARVEY, M., QUINN, B.T., DUSEK, J.A., BENSON, H., RAUCH, S.L., MOORE, C.I. & FISCHL, B. (2005). "Meditation experience is associated with increased cortical thickness. Neuroreport". *Nov, 28;16(17):1893-7.*

MASLOW, A. (1943/1991). *Motivación y personalidad*. Díaz de Santos, Madrid.

MASON, M.F., NORTON, M.I., VAN HORN, J.D., WEGNER, D.M., GRAFTON, S.T. & C. NEIL MACRAE, C.N. (2007). "Wandering Minds: The Default Network and Stimulus-Independent Thought". *Science*, 315 (5810), 393-395.

PAGNONI, G. &, CEKIC, M. (2007). "Age effects on gray matter volume and attentional performance in Zen meditation". *Neurobiol Aging*. 28 (10), 1623-1627.

PANKSEPP, J. y BIVEN, L. (2012). *The Archeology of Mind*. Norton. Nueva York.

RAICHLE, M.E., MACLEOD A.M., SNYDER A.Z., POWERS W.J., GUSNARD D.A., SHULMAN G.L. (2001). "A default mode of brain function". *Proc Natl Acad Sci U S A*; 98 (2): 676-82.

RAICHLE, M.E. (2010). *La red neural por defecto. Investigación y Ciencia*, mayo, 22-25.

RICARD, M. LUTZ, A. y DAVIDSON, R.J. (2015). "En el cerebro del meditador". *Investigación y Ciencia*, enero, 19-25.

Román, M.T. (2002). *Diccionario antológico de budismo*. Aldebarán Ediciones, Madrid.

RYLE, G. (1949/2009). *The Concept of Mind*. Routledge. Oxon.

SEGOVIA, S. (2007). *Psicobiología de la consciencia testigo*. En: F. Rodríguez-Bornaechea (Ed.). *Psicología y conciencia (pp. 373-401)*. Kairós. Barcelona.

SEGOVIA, S. (2013). *Psicología y Psicobiología de Mindfulness*. En: Santed, M.A., Segovia, S. Y Simón, V. *Manual de Mindfulness y Psicoterapia*. VIU. Valencia.

SIMÓN, V. (2007). "Mindfulness y Neurobiología". *Revista de Psicoterapia*, XVII (66-67), 5-30.

SINGLETON, O., HÖZEL, B.K., VANGEL, M. BRANCH, N., CARMODY & J., LAZAR, S.W. "Change in Brainstem Gray Matter Concentration Following a Mindfulness-Based Intervention is Correlated with Improvement in Psychological Well-Being". *Front Hum Neurosci.* Feb 18; 8:33.

SOGYAL RIMPOCHÉ (1994). *El libro tibetano de la vida y de la muerte.* Ediciones Urano, Barcelona.

SOLÉ-LERIS, A. (1995). *La meditación budista.* Martínez Roca, Barcelona.

SOLÉ-LERIS, A. y VÉLEZ DE CEA, A. (1999). *Majjhima Nikaya.* Kairós, Barcelona.

TAYLOR, V.A., GRANT, J., DANEAULT, V., SCAVONE, G., BRETON, E., ROFFE-VIDAL, S., COURTEMANCHE, J., LAVARENNE, A.S. & BEAUREGARD, M. (2011). "Impact of mindfulness on the neural responses to emotional pictures in experienced and beginner meditators". *Neuroimage,* 57 (4): 1524-1533.

THICH NHAT HANH (1976/1995). *Cómo lograr el milagro de vivir despierto.* CEDEL, 1995.

VINCENT, J.L., KAHN, I., SNYDER, A.Z., RAICHLE, M.E. & BUCKNER, R.L. (2008). "Evidence for a Frontoparietal Control System Revealed by Intrinsic Functional Connectivity". *Journal of Neurophysiology,* 100 (6), 3328-3342.

WALPOLA RAHULA. (1996). *Lo que el Buda enseñó.* Kier, Buenos Aires.

WALLACE, B.A. (2008). *A Mindful Balance: What did the Buddha Really Mean by 'Mindfulness'? Tricycle Magazin,* Spring, (http://www.tricycle.com/a-mindful-balance).

ZEIDAN, F. (2015). "The Neurobiology of Mindfulness Meditation". En: BROWN, K.W., CRESWELL, J.D. y RYAN, R.M. *Handbook Mindfulness.* Guilford Press, Nueva York.

Otras lecturas

AJAHN CHAH (2001). *Being Dharma. The essence of the Buddha's teachings*. Shambala. Boston.

AJAHN CHAH (2006). *Todo llega, todo pasa: enseñanzas sobre la cesación*. Oniro, Barcelona

Anónimo Inglés (1981). *La nube del no saber*. Ed. San Pablo, Madrid.

BATCHELOR, S. (2012). *Confesión de un ateo budista*. La Llave, Barcelona.

CALLE, R.A. (1993) *Estudio preliminar. Sutras de la atención y del diamante*. Edaf, Madrid.

CALLE, Ramiro (2014). *Vijnana Bhairava Tantra*. Ediciones Librería Argentina (ELA), Madrid.

CAPRILES, E. (2000). *Budismo y Dzogchen*. La Llave, Vitoria-Gasteiz.

CEBOLLA, A., GARCÍA-CAMPAYO, J. y DEMARZO, M. (Coords.) (2014). *Mindfulness y ciencia*. Alianza Editorial, Madrid.

DALAI LAMA (2004). *Dzogchen*. Kairós, Barcelona.

DALAI LAMA (2008). *La mente en serenidad*. Kairós, Barcelona.

DE SILVA, P. (2000). *Introduction to Buddhist Psychology*. McMillan Press. London.

DHIRAVAMSA (2004). *El gran río de la consciencia*. La Liebre de Marzo, Barcelona.

GOLDSTEIN, J. (1995). *La experiencia del conocimiento intuitivo*. Dharma, Novelda.

HART, W. (1994). *La vipassana*. Edaf, Madrid.

KABAT-ZINN, J. (2009). *Mindfulness en la vida cotidiana*. Paidós, Barcelona.

KORNFIELD, J. (2010). *La sabiduría del corazón*. La Liebre de Marzo, Barcelona.

KRISHNAMURTI, J. (1998). *Reflexiones sobre el yo*. Edaf, Madrid.

KRISHNAMURTI, J. (2009). *La mente en meditación*. Kairós, Barcelona.

LEVY, N. (2010). *La sabiduría de las emociones*. Debolsillo, Barcelona.

NAMKHAI NORBU (1987). *The Cycle of Day and Night*. Barry Town/ Station Hill Press, New York.

NAMKHAI NORBU (1995). *El cristal y la vía de la luz*. Kairós, Barcelona.

NAMKHAI NORBU y CLEMENTE, A. (2008). *El tantra de la fuente suprema*. Kairós, Barcelona.

NIANAPONIKA THERA (1982). *El corazón de la meditación budista*. Eyrás, Madrid.

NIANAPONIKA THERA (2007). *Los fundamentos de la atención*. Ediciones Librería Argentina, Madrid.

Ramana Maharshi (1983). *Enseñanzas espirituales*. Kairós, Barcelona.

Rinzler, L. (2013). *El Buda entra en un bar.* Kairós, Barcelona.

Rockwell, I. (2002). *The five wisdom energies.* Shambhala, Boston.

Román, M.T. (2007). *Un viaje al corazón del Budismo.* Alianza Editorial, Madrid.

Rosenberg, L. (2006). *Aliento tras aliento.* Imagina San Sebastián.

Salzberg, S. (2011). *El secreto de la felicidad auténtica.* Oniro, Barcelona.

Seng Yen (2008). *The Method of No-Method.* Shambala, Boston.

Sesha (2007). *Meditación.* Gaia Ediciones, Madrid.

Seung Sahn (2002). *La brújula del zen.* La Liebre de Marzo. Barcelona.

Simón, V. (2011). *Aprender a practicar mindfulness.* Sello Editorial, Barcelona.

Simón, V. (2011). *Vivir con plena atención.* Desclée De Brouwer, Bilbao.

Simón, V. (2015). *La compasión: El corazón del mindfulness.* Sello Editorial, Madrid.

Sosan, K. (s. VII d.C./1988) Sin Jin Mei. *Poema de la fe en el espíritu. Comentarios del maestro Taisen Dashimaru.* Miraguano. Madrid.

Strand, C. (2000). *El cuenco de madera.* Oniro. Barcelona.

Suzuki, S. (19914). *Mente zen, mente de principiante.* Troquel. Buenos Aires.

Tulku Pema Rigtsal (2012). *The great secret of mind.* Snow Lion, Boston.

TULKU URGYEN RIMPOCHE (2006). *Quintessentil Dzogchen. Confusion Dawns as Wisdom.* Rangjung Yeshe Publications, Hong Kong.

WALLACE, B.A, y SHAPIRO, S.L. (2006). "Mental Balance and Well-Being. Building Bridges Between Buddhism and Western Psychology". *American Psychologist.* 61 (7), 690-701.

WANGYAL RIMPOCHÉ, T. (2004). *Maravillas de la mente natural.* Pax México, México D.F.

WANGYAL RIMPOCHÉ, T. (2008). *La esencia pura de la mente.* Pax México, México D.F.

Información sobre la práctica del programa MBMB

El lector puede encontrar información, tanto sobre los cursos y talleres de la práctica regular de meditación (MBMB) como sobre el programa de Formación de Instructores de Meditación (MBMB), dirigido por Santiago Segovia, en: www.eleapsicopedagogia.es

Manual práctico de Terapia Dialéctico Conductual

Ejercicios prácticos de TDC para aprendizaje de Mindfulness, Eficacia Interpersonal, Regulación Emocional y Tolerancia a la Angustia

Matthew Mckay, Jeffrey C. Wood, Jeffrey Brantley

ISBN: 978-84-330-2910-2

Desarrollada, en principio, para el tratamiento del trastorno límite de personalidad, la Terapia Dialéctico Conductual (TDC) ha probado su eficacia a la hora de abordar una amplia gama de problemas de salud mental, en especial de aquellos que se caracterizan por la presencia de emociones arrolladoras. Diversas investigaciones demuestran que la TDC puede mejorar la propia capacidad de manejar la angustia sin perder el control ni actuar de forma destructiva. Para poner en práctica las técnicas que en el libro se detallan, es necesario establecer habilidades en cuatro áreas: tolerancia al malestar, mindfulness, regulación emocional y eficacia interpersonal.

Esta obra, fruto de la colaboración de tres reconocidos autores, ofrece un repertorio de ejercicios sencillos, analizados paso a paso, para asimilar esos conceptos y ponerlos en práctica para alcanzar un cambio real y duradero. Comenzando por trabajar con los ejercicios preliminares para ir, luego, progresando hasta completar los capítulos dedicados a las habilidades más avanzadas. Tanto los profesionales de la salud mental como el gran público, si este manual se utilizar como apoyo al trabajo terapéutico o como guía para el desarrollo personal, podrán sacar un gran partido de esta clara y práctica guía y lograr así un mejor control de sus emociones.

Abre tu consciencia
2ª edición

**José Antonio González Suárez
David González Pujana**

ISBN: 978-84-330-2828-0

Solo el 5% de nuestra mente es consciente, el otro 95% es subconsciente. El conocimiento lo tiene la mente consciente, pero el poder lo posee la mente subconsciente. Muchas personas llevan un estilo de vida que no les gusta ni desean, pero se sienten indefensas ante el poder de su subconsciente. Mueren sin haber vivido, ni disfrutado.

Abre tu consciencia es un libro que te ayudará a descubrir las claves del bienestar y de la salud integral. A base de relatos cortos, cuentos e historias apasionantes, irás descubriendo que lo que llevas tanto tiempo buscando fuera de ti, habita en tu interior, y que está a tu servicio y a tu alance. Descúbrelo.

Es un libro que te hará pensar, sentir e incluso desprenderá por tu mejilla alguna lágrima o arrancará de tu boca alguna sonrisa. No te dejará indiferente y, muy probablemente, significará un "antes y un después" en tu vida.

Los autores lo hemos escrito con el corazón para que llegue a tu corazón y para que los mensajes pasen a ser parte de tu patrimonio personal. Solo te deseamos que disfrutes leyéndolo tanto como nosotros hemos disfrutado escribiéndolo.

Visítanos en abretuconsciencia.wordpress.com

La solución Mindfulness
Prácticas cotidianas para problemas cotidianos

2ª edición

Ronald D. Siegel

ISBN: 978-84-330-2474-9

La plena conciencia brinda una senda hacia el bienestar y un herramental para hacer frente a los escollos de la vida cotidiana Y aunque pueda parecernos una cosa exótica, podemos cultivarla –y cosechar sus comprobados beneficios– sin un adiestramiento ni gasto de tiempo especiales. El doctor Ronald Siegel, experimentado terapeuta y experto en esta rama de la psicología, nos muestra en esta guía de agradable lectura cómo hacerlo exactamente. Podremos utilizar estrategias eficaces mientras nos dirigimos en coche al trabajo, sacamos a pasear el perro o lavamos los platos; también encontraremos otros consejos útiles para poner en práctica un plan sencillo y formal en tan solo veinte minutos al día. Unos planes de acción flexibles, graduales, nos ayudarán a vivir más centrados y a ser más eficaces en nuestro quehacer cotidiano; es decir, a hacer frente a sentimientos difíciles como, por ejemplo, la ira y la tristeza; a profundizar nuestra relación de pareja; a sentirnos más descansados y menos estresados; a domeñar hábitos poco sanos; a encontrar alivio a la ansiedad y la depresión, y a resolver problemas relacionados con el estrés tales como el dolor, el insomnio y otros de orden físico. Nos ayudarán, en suma, a llevar una vida más equilibrada..., desde hoy mismo.

El sentido de la vida es una vida con sentido

La resiliencia

Rocío Rivero

ISBN: 978-84-330-2780-1

La vida nos enseña que nada es para siempre, que nuestros sueños no siempre se cumplen y que no podemos aferrarnos al pasado ni vivir suspirando por el futuro.

El sentido de la vida es una vida con sentido. La resiliencia, nos enseña a superar las situaciones adversas, así como a salir fortalecidos de ellas. Se compromete a desarrollar y mantener tu resiliencia a lo largo de la vida y a desarrollarla y mantenerla también en los niños y niñas. Para conseguir su objetivo cuenta con el apoyo de numerosos ejercicios.

Capítulo a capítulo se explican los factores que influyen en ser resiliente, los beneficios que aporta la resiliencia y con qué están relacionados estos beneficios, todo ello basado en estudios psicológicos, con métodos concretos y experimentados.

Es la primera publicación que revela y explica el vínculo que existe entre la resiliencia y saber vivir el momento presente, entre la creatividad y la resiliencia, entre la inteligencia emocional y la resiliencia y entre esta y la felicidad, ayudándote a potenciar estas habilidades.

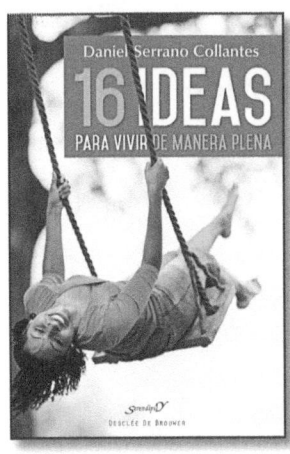

16 ideas para vivir de manera plena
Experiencias y reflexiones de un médico de familia

Daniel Serrano Collantes

ISBN: 978-84-330-2874-7

En esta sociedad al mismo tiempo cansada y acelerada en que vivimos, estamos perdiendo la capacidad de reflexión, de contemplación. Se vive con mucha información y múltiples tareas por realizar, pero en ocasiones sin dirección, en una crisis de sentido. Vivir de manera plena es vivir nuestra vida con sentido, con pasión, con entusiasmo, pero también implica sufrimiento y emociones negativas. Lo podemos evitar, pero a un precio demasiado alto: vivir a medias, de forma gris, o pasar de puntillas. Quien se entrega al amor, a los amigos, al trabajo… quien vive plenamente, con entusiasmo, corre un riesgo mayor que quien no lo hace, pero merece la pena.

En este libro Daniel Serrano te ofrece, sirviéndose de su experiencia, con ejemplos y casos prácticos, algunas ideas y pistas para crecer o reorientar tu vida personal, para vivirla de manera más plena. Nuestros logros dependen de saber poner el foco y la atención en las cosas importantes.

La mayoría de los capítulos de este libro ha surgido de consultas con sus pacientes. Lo que vas a encontrar no es algo imaginario, sino la realidad, lo objetivo, la vida misma tal cual es. Encontrarás, entre otras, ideas sobre la pareja, los hijos, la amistad, la afectividad, las nuevas tecnologías, el contacto con la naturaleza, la medicación, la dimensión espiritual, la gestión del tiempo, la serenidad o el estrés. En definitiva, aspectos que nos afectan a todos y cada uno de nosotros.

El origen de la infelicidad

Reyes Adorna

ISBN: 978-84-330-2771-9

Nacemos con unas herramientas instintivas, emocionales y mentales que han sido útiles —y siguen siéndolo en su mayoría— para nuestra supervivencia. Sin embargo nadie nos enseña para qué sirven ni cómo manejarlas en nuestra vida diaria. Al nacer sin un manual de instrucciones, podemos llegar a hacer un mal uso de ellas, dando palos de ciego en nuestro universo interior y sintiéndonos culpables al creer que muchos de nuestros problemas provienen de nuestra personalidad o torpeza.

Este libro pretende, apoyándose en los últimos avances neurocientíficos, mostrar las raíces biológicas de nuestros malestares y sufrimientos. Tras un recorrido por los orígenes de la infelicidad, se analizarán las características de nuestras emociones —sobre todo las que llamamos negativas—, se mostrará para qué están diseñadas y cómo aprender a manejarlas lo mejor posible. También se analizarán las estructuras y tendencias de nuestro pensamiento, cómo nos enfrentamos a ellas los seres humanos y cómo a menudo estrechan, interpretan y distorsionan la realidad.

Cada apartado está acompañado de ejercicios prácticos, más de 60 en total, que ayudan a conseguir el objetivo principal de este libro: acercarnos al autoconocimiento como especie y disminuir los obstáculos que ciegan una felicidad más humana y más acorde con nuestra propia naturaleza.

BIBLIOTECA DE PSICOLOGÍA
Dirigida por Vicente Simón Pérez y Manuel Gómez Beneyto

2. PSICOTERAPIA POR INHIBICIÓN RECÍPROCA, por Joceph Wolpe
3. MOTIVACIÓN Y EMOCIÓN, por Charles N. Cofer
4. PERSONALIDAD Y PSICOTERAPIA, por John Dollard y Neal E. Miller
5. AUTOCONSISTENCIA: UNA TEORÍA DE LA PERSONALIDAD. por Prescott Leky
9. OBEDIENCIA A LA AUTORIDAD. Un punto de vista experimental, por Stanley Milgram
10. RAZÓN Y EMOCIÓN EN PSICOTERAPIA, por Albert Ellis
12. GENERALIZACIÓN Y TRANSFER EN PSICOTERAPIA, por A. P. Goldstein y F. H. Kanfer
13. LA PSICOLOGÍA MODERNA. Textos, por José M. Gondra
16. MANUAL DE TERAPIA RACIONAL-EMOTIVA, por A. Ellis y R. Grieger
17. EL BEHAVIORISMO Y LOS LÍMITES DEL MÉTODO CIENTÍFICO, por B. D. Mackenzie
18. CONDICIONAMIENTO ENCUBIERTO, por Upper-Cautela
19. ENTRENAMIENTO EN RELAJACIÓN PROGRESIVA, por Berstein-Berkovec
20. HISTORIA DE LA MODIFICACIÓN DE LA CONDUCTA, por A. E. Kazdin
21. TERAPIA COGNITIVA DE LA DEPRESIÓN, por A. T. Beck, A. J. Rush y B. F. Shawn
22. LOS MODELOS FACTORIALES-BIOLÓGICOS EN EL ESTUDIO DE LA PERSONALIDAD, por F. J. Labrador
24. EL CAMBIO A TRAVÉS DE LA INTERACCIÓN, por S. R. Strong y Ch. D. Claiborn
27. EVALUACIÓN NEUROPSICOLÓGICA, por M.ª Jesús Benedet
28. TERAPÉUTICA DEL HOMBRE. EL PROCESO RADICAL DE CAMBIO, por J. Rof Carballo y J. del Amo
29. LECCIONES SOBRE PSICOANÁLISIS Y PSICOLOGÍA DINÁMICA, por Enrique Freijo
30. CÓMO AYUDAR AL CAMBIO EN PSICOTERAPIA, por F. Kanfer y A. Goldstein
31. FORMAS BREVES DE CONSEJO, por Irving L. Janis
32. PREVENCIÓN Y REDUCCIÓN DEL ESTRÉS, por Donald Meichenbaum y Matt E. Jaremko
33. ENTRENAMIENTO DE LAS HABILIDADES SOCIALES, por Jeffrey A. Kelly
34. MANUAL DE TERAPIA DE PAREJA, por R. P. Liberman, E. G. Wheeler, L. A. J. M. de visser
35. PSICOLOGÍA DE LOS CONSTRUCTOS PERSONALES. Psicoterapia y personalidad, por Alvin W. Landfield y Larry M. Leiner
37. PSICOTERAPIAS CONTEMPORÁNEAS. Modelos y métodos, por S. Lynn y J. P. Garske
38. LIBERTAD Y DESTINO EN PSICOTERAPIA, por Rollo May
39. LA TERAPIA FAMILIAR EN LA PRÁCTICA CLÍNICA, Vol. I. Fundamentos teóricos, por M. Bowen
40. LA TERAPIA FAMILIAR EN LA PRÁCTICA CLÍNICA, Vol. II. Aplicaciones, por M. Bowen
41. MÉTODOS DE INVESTIGACIÓN EN PSICOLOGÍA CLÍNICA, por Bellack y Harsen
42. CASOS DE TERAPIA DE CONSTRUCTOS PERSONALES, por R.A. Neimeyer y G.J. Neimeyer.
BIOLOGÍA Y PSICOANÁLISIS, por J. Rof Carballo
43. PRÁCTICA DE LA TERAPIA RACIONAL-EMOTIVA, por A. Ellis y W. Dryden
44. APLICACIONES CLÍNICAS DE LA TERAPIA RACIONAL-EMOTIVA, por Albert Ellis y Michael E. Bernard

45. ÁMBITOS DE APLICACIÓN DE LA PSICOLOGÍA MOTIVACIONAL, por L. Mayor y F. Tortosa
46. MÁS ALLÁ DEL COCIENTE INTELECTUAL, por Robert. J. Sternberg
47. EXPLORACIÓN DEL DETERIORO ORGÁNICO CEREBRAL, por R. Berg, M. Franzen y D. Wedding
48. MANUAL DE TERAPIA RACIONAL-EMOTIVA, Volumen II, por A. Ellis y R. M. Grieger
49. EL COMPORTAMIENTO AGRESIVO. Evaluación e intervención, por A.P. Goldstein y H.R. Keller
50. CÓMO FACILITAR EL SEGUIMIENTO DE LOS TRATAMIENTOS TERAPÉUTICOS. Guía práctica para los profesionales de la salud, por Donald Meichenbaum y Dennis C. Turk
51. ENVEJECIMIENTO CEREBRAL, por Gene D. Cohen
52. PSICOLOGÍA SOCIAL SOCIOCOGNITIVA, por Agustín Echebarría Echabe
53. ENTRENAMIENTO COGNITIVO-CONDUCTUAL PARA LA RELAJACIÓN, por J. C. Smith
54. EXPLORACIONES EN TERAPIA FAMILIAR Y MATRIMONIAL, por James L. Framo
55. TERAPIA RACIONAL-EMOTIVA CON ALCOHÓLICOS Y TOXICÓMANOS, por A. Ellis y otros
56. LA EMPATÍA Y SU DESARROLLO, por N. Eisenberg y J. Strayer
57. PSICOSOCIOLOGÍA DE LA VIOLENCIA EN EL HOGAR, por S.M. Stith, M.B. Williams y K. Rosen
58. PSICOLOGÍA DEL DESARROLLO MORAL, por Lawrence Kohlberg
59. TERAPIA DE LA RESOLUCIÓN DE CONFICTOS, por Thomas J. D'Zurilla
60. UNA NUEVA PERSPECTIVA EN PSICOTERAPIA. Guía para la psicoterapia psicodinámica de tiempo limitado, por Hans H. Strupp y Jeffrey L. Binder
61. MANUAL DE CASOS DE TERAPIA DE CONDUCTA, por Michel Hersen y Cynthia G. Last
62. MANUAL DEL TERAPEUTA PARA LA TERAPIA COGNITIVO-CONDUCTUAL EN GRUPOS, por Lawrence I. Sank y Carolyn S. Shaffer
63. TRATAMIENTO DEL COMPORTAMIENTO CONTRA EL INSOMNIO PERSISTENTE, por P. Lacks
64. ENTRENAMIENTO EN MANEJO DE ANSIEDAD, por Richard M. Suinn
65. MANUAL PRÁCTICO DE EVALUACIÓN DE CONDUCTA, por A. S. Bellak y M. Hersen
66. LA SABIDURÍA. Su naturaleza, orígenes y desarrollo, por Robert J. Sternberg
67. CONDUCTISMO Y POSITIVISMO LÓGICO, por Laurence D. Smith
68. ESTRATEGIAS DE ENTREVISTA PARA TERAPEUTAS, por W. H. Cormier y L. S. Cormier
69. PSICOLOGÍA APLICADA AL TRABAJO, por Paul M. Muchinsky
70. MÉTODOS PSICOLÓGICOS EN LA INVESTIGACIÓN Y PRUEBAS CRIMINALES, por D.L. Raskin
71. TERAPIA COGNITIVA APLICADA A LA CONDUCTA SUICIDA, por A. Freemann y M. A. Reinecke
72. MOTIVACIÓN EN EL DEPORTE Y EL EJERCICIO, por Glynn C. Roberts
73. TERAPIA COGNITIVA CON PAREJAS, por Frank M. Datillio y Christine A. Padesky
74. DESARROLLO DE LA TEORÍA DEL PENSAMIENTO EN LOS NIÑOS, por H. M. Wellman
75. PSICOLOGÍA PARA EL DESARROLLO DE LA COOPERACIÓN Y DE LA CREATIVIDAD, por Maite Garaigordobil
76. TEORÍA Y PRÁCTICA DE LA TERAPIA GRUPAL, por Gerald Corey

77. TRASTORNO OBSESIVO-COMPULSIVO. Los hechos, por P. de Silva y S. Rachman
78. PRINCIPIOS COMUNES EN PSICOTERAPIA, por Chris L. Kleinke
79. PSICOLOGÍA Y SALUD, por Donald A. Bakal
80. AGRESIÓN. Causas, consecuencias y control, por Leonard Berkowitz
81. ÉTICA PARA PSICÓLOGOS. Introducción a la psicoética, por Omar França-Tarragó
82. LA COMUNICACIÓN TERAPÉUTICA. Principios y práctica eficaz, por Paul L. Wachtel
83. DE LA TERAPIA COGNITIVO-CONDUCTUAL A LA PSICOTERAPIA DE INTEGRACIÓN, por Marvin R. Goldfried
84. MANUAL PARA LA PRÁCTICA DE LA INVESTIGACIÓN SOCIAL, por Earl Babbie
85. PSICOTERAPIA EXPERIENCIAL Y FOCUSING. La aportación de E.T. Gendlin, por C. Alemany (Ed.)
86. LA PREOCUPACIÓN POR LOS DEMÁS. Una nueva psicología de la conciencia y la moralidad, por Tom Kitwood
87. MÁS ALLÁ DE CARL ROGERS, por David Brazier (Ed.)
88. PSICOTERAPIAS COGNITIVAS Y CONSTRUCTIVISTAS. Teoría, Investigación y Práctica, por Michael J. Mahoney (Ed.)
89. GUÍA PRÁCTICA PARA UNA NUEVA TERAPIA DE TIEMPO LIMITADO, por H. Levenson
90. PSICOLOGÍA. Mente y conducta, por Mª Luisa Sanz de Acedo
91. CONDUCTA Y PERSONALIDAD, por Arthur W. Staats
92. AUTO-ESTIMA. Investigación, teoría y práctica, por Chris Mruk
93. LOGOTERAPIA PARA PROFESIONALES. Trabajo social significativo, por David Guttmann
94. EXPERIENCIA ÓPTIMA. Estudios psicológicos del flujo en la conciencia, por Mihaly Csikszentmihalyi e Isabella Selega Csikszentmihalyi
95. LA PRÁCTICA DE LA TERAPIA DE FAMILIA. Elementos clave en diferentes modelos, por Suzanne Midori Hanna y Joseph H. Brown
96. NUEVAS PERSPECTIVAS SOBRE LA RELAJACIÓN, por Alberto Amutio Kareaga
97. INTELIGENCIA Y PERSONALIDAD EN LAS INTERFASES EDUCATIVAS, por Mª Luisa Sanz de Acedo Lizarraga
98. TRASTORNO OBSESIVO COMPULSIVO. Una perspectiva cognitiva y neuropsicológica, por F. Tallis
99. EXPRESIÓN FACIAL HUMANA. Una visión evolucionista, por Alan J. Fridlund
100. CÓMO VENCER LA ANSIEDAD. Un programa revolucionario para eliminarla definitivamente, por Reneau Z. Peurifoy
101. AUTO-EFICACIA: CÓMO AFRONTAMOS LOS CAMBIOS DE LA SOCIEDAD ACTUAL, por Albert Bandura (Ed.)
102. EL ENFOQUE MULTIMODAL. Una psicoterapia breve pero completa, por Arnold A. Lazarus
103. TERAPIA CONDUCTUAL RACIONAL EMOTIVA (REBT). Casos ilustrativos, por Joseph Yankura y Windy Dryden
104. TRATAMIENTO DEL DOLOR MEDIANTE HIPNOSIS Y SUGESTIÓN. Una guía clínica, por J. Barber
105. CONSTRUCTIVISMO Y PSICOTERAPIA, por Guillem Feixas Viaplana y Manuel Villegas Besora
106. ESTRÉS Y EMOCIÓN. Manejo e implicaciones en nuestra salud, por Richard S. Lazarus
107. INTERVENCIÓN EN CRISIS Y RESPUESTA AL TRAUMA. Teoría y práctica, por Barbara Rubin Wainrib y Ellin L. Bloch

108. LA PRÁCTICA DE LA PSICOTERAPIA. La construcción de narrativas terapéuticas, por Alberto Fernández Liria y Beatriz Rodríguez Vega
109. ENFOQUES TEÓRICOS DEL TRASTORNO OBSESIVO-COMPULSIVO, por Ian Jakes
110. LA PSICOTERA DE CARL ROGERS. Casos y comentarios, por B.A. Farber, D.C. Brink y P.M. Raskin
111. APEGO ADULTO, por Judith Feeney y Patricia Noller
112. ENTRENAMIENTO ABC EN RELAJACIÓN. Una guía práctica para los profesionales de la salud, por Jonathan C. Smith
113. EL MODELO COGNITIVO POSTRACIONALISTA. Hacia una reconceptualización teórica y clínica, por Vittorio F. Guidano, compilación y notas por Álvaro Quiñones Bergeret
114. TERAPIA FAMILIAR DE LOS TRASTORNOS NEUROCONDUCTUALES. Integración de la neuropsicología y la terapia familiar, por Judith Johnson y William McCown
115. PSICOTERAPIA COGNITIVA NARRATIVA. Manual de terapia breve, por Óscar F. Gonçalves
116. INTRODUCCIÓN A LA PSICOTERAPIA DE APOYO, por Henry Pinsker
117. EL CONSTRUCTIVISMO EN LA PSICOLOGÍA EDUCATIVA, por Tom Revenette
118. HABILIDADES DE ENTREVISTA PARA PSICOTERAPEUTAS
    Vol 1. Con ejercicios del profesor
    Vol 2. Cuaderno de ejercicios para el alumno, por A. Fernández Liria y B. Rodríguez Vega
119. GUIONES Y ESTRATEGIAS EN HIPNOTERAPIA, por Roger P. Allen
120. PSICOTERAPIA COGNITIVA DEL PACIENTE GRAVE. Metacognición y relación terapéutica, por Antonio Semerari (Ed.)
121. DOLOR CRÓNICO. Procedimientos de evaluación e intervención psicológica, por Jordi Miró
122. DESBORDADOS. Cómo afrontar las exigencias de la vida contemporánea, por Robert Kegan
123. PREVENCIÓN DE LOS CONFLICTOS DE PAREJA, por José Díaz Morfa
124. EL PSICÓLOGO EN EL ÁMBITO HOSPITALARIO, por E. Remor, P. Arranz y S. Ulla
125. MECANISMOS PSICO-BIOLÓGICOS DE LA CREATIVIDAD ARTÍSTICA, por José Guimón
126. PSICOLOGÍA MÉDICO-FORENSE. La investigación del delito, por Javier Burón (Ed.)
127. TERAPIA BREVE INTEGRADORA. Enfoques cognitivo, psicodinámico, humanista y neuro-conductual, por John Preston (Ed.)
128. COGNICIÓN Y EMOCIÓN, por E. Eich, J.F. Kihlstrom, G.H. Bower, J.P. Forgas y P.M. Niedenthal
129. TERAPIA SISTÉMICA DE PAREJA Y DEPRESIÓN, por Elsa Jones y Eia Asen
130. PSICOTERAPIA COGNITIVA PARA LOS TRASTORNOS PSICÓTICOS Y DE PERSONALIDAD, Manual teórico-práctico, por Carlo Perris y Patrick D. Mc.Gorry (Eds.)
131. PSICOLOGÍA Y PSIQUIATRÍA TRANSCULTURAL. Bases prácticas para la acción, por Pau Pérez Sales
132. TRATAMIENTOS COMBINADOS DE LOS TRASTORNOS MENTALES. Una guía de intervenciones psicológicas y farmacológicas, por Morgan T. Sammons y Norman B. Schmid
133. INTRODUCCIÓN A LA PSICOTERAPIA. El saber clínico compartido, por Randolph B. Pipes y Donna S. Davenport
134. TRASTORNOS DELIRANTES EN LA VEJEZ, por Miguel Krassoievitch
135. EFICACIA DE LAS TERAPIAS EN SALUD MENTAL, por José Guimón
136. LOS PROCESOS DE LA RELACIÓN DE AYUDA, por Jesús Madrid Soriano

137. LA ALIANZA TERAPÉUTICA. Una guía para el tratamiento relacional, por Jeremy D. Safran y J. Christopher Muran
138. INTERVENCIONES PSICOLÓGICAS EN LA PSICOSIS TEMPRANA. Un manual de tratamiento, por John F.M. Gleeson y Patrick D. McGorry (Coords.)
139. TRAUMA, CULPA Y DUELO. Hacia una psicoterapia integradora. Programa de autoformación en psicoterpia de respuestas traumáticas, por Pau Pérez Sales
140. PSICOTERAPIA COGNITIVA ANALÍTICA (PCA). Teoría y práctica, por A. Ryle e I. B. Kerr
141. TERAPIA COGNITIVA DE LA DEPRESIÓN BASADA EN LA CONSCIENCIA PLENA. Un nuevo abordaje para la prevención de las recaídas, por Zindel V. Segal, J. Mark G. Williams y John D. Teasdale
142. MANUAL TEÓRICO-PRÁCTICO DE PSICOTERAPIAS COGNITIVAS, por I. Caro Gabalda
143. TRATAMIENTO PSICOLÓGICO DEL TRASTORNO DE PÁNICO Y LA AGORAFOBIA. Manual para terapeutas, por Pedro Moreno y Julio C. Martín
144. MANUAL PRÁCTICO DEL FOCUSING DE GENDLIN, por Carlos Alemany (Ed.)
145. EL VALOR DEL SUFRIMIENTO. Apuntes sobre el padecer y sus sentidos, la creatividad y la psicoterapia, por Javier Castillo Colomer
146. CONCIENCIA, LIBERTAD Y ALIENACIÓN, por F. de Potestad y A.I. Zuazu Castellano
147. HIPNOSIS Y ESTRÉS. Guía para profesionales, por Peter J. Hawkins
148. MECANISMOS ASOCIATIVOS DEL PENSAMIENTO. La "obra magna" inacabada de Clark L. Hull, por José Mª Gondra
149. LA MENTE EN DESARROLLO. Cómo interactúan las relaciones y el cerebro para modelar nuestro ser, por Daniel J. Siegel
150. HIPNOSIS SEGURA. Guía para el control de riesgos, por Roger Hambleton
151. LOS TRASTORNOS DE LA PERSONALIDAD. Modelos y tratamiento, por Giancarlo Dimaggio y Antonio Semerari
152. EL YO ATORMENTADO. La disociación estructural y el tratamiento de la traumatización crónica, por Onno van der Hart, Ellert R.S. Nijenhuis y Kathy Steele
153. PSICOLOGÍA POSITIVA APLICADA, por Carmelo Vázquez y Gonzalo Hervás
154. INTEGRACIÓN Y SALUD MENTAL. El proyecto Aiglé 1977-2008, por Héctor Fernández-Álvarez
155. MANUAL PRÁCTICO DEL TRASTORNO BIPOLAR. Claves para autocontrolar las oscilaciones del estado de ánimo, por Mónica Ramírez Basco
156. PSICOLOGÍA Y EMERGENCIA. Habilidades psicológicas en las profesiones de socorro y emergencia, por Enrique Parada Torres (coord.)
157. VOLVER A LA NORMALIDAD DESPUÉS DE UN TRASTORNO PSICÓTICO. Un modelo cognitivo-relacional para la recuperación y la prevención de recaídas, por A. Gumley y M. Schwannauer
158. AYUDA PARA EL PROFESIONAL DE LA AYUDA. Psicofisiología de la fatiga por compasión y del trauma vicario, por Babette Rothschild
159. TEORÍA DEL APEGO Y PSICOTERAPIA. En busca de la base segura, por Jeremy Holmes
160. EL TRAUMA Y EL CUERPO. Un modelo sensoriomotriz de psicoterapia, por Pat Ogden, Kekuni Minton y Clare Pain
161. INSOMNIO. Una guía cognitivo-conductual de tratamiento, por Michael L. Perlis, Carla Jungquist, Michael T. Smith y Donn Posner
162. PSICOTERAPIA PARA ENFERMOS EN RIESGO VITAL, por Kenneth J. Doka

163. MANUAL DE PSICODRAMA DIÁDICO. Bipersonal, individual, de la relación, por Pablo Población
164. MANUAL BÁSICO DE EMDR. Desensibilización y reprocesamiento mediante el movimiento de los ojos, por Barbara J. Hensley
165. TRASTORNO BIPOLAR: EL ENEMIGO INVISIBLE. Manual de tratamiento psicológico, por Ana González Isasi
166. HACIA UNA PRÁCTICA EFICAZ DE LAS PSICOTERAPIAS COGNITIVAS. Modelos y técnicas principales, por Isabel Caro Gabalda
167. PSICOLOGÍA DE LA INTERVENCIÓN COMUNITARIA, por Itziar Fernández (Ed.)
168. LA SOLUCIÓN MINDFULNESS. Prácticas cotidianas para problemas cotidianos, por R.D. Siegel
169. MANUAL CLÍNICO DE MINDFULNESS, por Fabrizio Didonna (Ed.)
170. MANUAL DE TÉCNICAS DE INTERVENCIÓN COGNITIVO CONDUCTUALES, por Mª Ángeles Ruiz Fernández, Marta Isabel Díaz García, Arabella Villalobos Crespo
172. EL APEGO EN PSICOTERAPIA, por David J. Wallin
173. MINDFULNESS EN LA PRÁCTICA CLÍNICA, por Mª T. Miró - V. Simón Pérez (Eds.)
174. LA COMPARTICIÓN SOCIAL DE LAS EMOCIONES, por Bernard Rimé
175. PSICOLOGÍA. Individuo y medio social, por Mª Luisa Sanz de Acedo
176. TERAPIA NARRATIVA BASADA EN ATENCIÓN PLENA PARA LA DEPRESIÓN, por Beatriz Rodríguez Vega – Alberto Fernández Liria
177. MANUAL DE PSICOÉTICA. ÉTICA PARA PSICÓLOGOS Y PSIQUIATRAS, por O. França
178. GUÍA DE PROTOCOLOS ESTÁNDAR DE EMDR. Para terapeutas, supervisores y consultores, por Andrew M. Leeds, PhD
179. INTERVENCIÓN EN CRISIS EN LAS CONDUCTAS SUICIDAS, por A. Rocamora Bonilla
180. EL SÍNDROME DE LA MUJER MALTRATADA, por Lenore E. A. Walker y asociados a la investigación
182. ACTIVACIÓN CONDUCTUAL PARA LA DEPRESIÓN. Una guía clínica, por Christopher R. Martell, Sona Dimidjian y Ruth Herman-Dunn
183. PREVENCIÓN DE RECAÍDAS EN CONDUCTAS ADICTIVAS BASADA EN MINDFULNESS. Guía clínica, por Sarah Bowen, Neha Chawla y G. Alan Marlatt
185. TERAPIA COGNITIVA BASADA EN MINDFULNESS PARA EL CÁNCER, por Trish Bartley
186. EL NIÑO ATENTO. Mindfulness para ayudar a tu hijo a ser más feliz, amable y compasivo, por Susan Kaiser Greenland
187. TERAPIA COGNITIVO-CONDUCTUAL CON MINDFULNESS INTEGRADO. Principios y práctica, por Bruno A. Cayoun
188. VIVIR LA ANSIEDAD CON CONCIENCIA. Libérese de la preocupación y recupere su vida, por Susan M. Orsillo, PhD, Lizabeth Roemer, PhD.
189. TERAPIA DE ACEPTACIÓN Y COMPROMISO. Proceso y práctica del cambio consciente (mindfulness), por Steven C. Hayes; Kirk Strosahl y Kelly G. Wilson
190. VIVIR CON DISOCIACIÓN TRAUMÁTICA. Entrenamiento de habilidades para pacientes y terapeutas, por Suzette Boon, Kathy Steele y Onno Van Der Hart
192. DROGODEPENDIENTES CON TRASTORNO DE LA PERSONALIDAD. Guía de intervenciones psicológicas, por José Miguel Martínez González y Antonio Verdejo García
193. ARTE Y CIENCIA DEL MINDFULNESS. Integrar el mindfulness en la psicología y en las profesiones de ayuda. Prólogo de Jon Kabat-Zinn, por Shauna L. Shapiro y Linda E. Carlson

195. MANUAL DE TERAPIA SISTÉMICA. Principios y herramientas de intervención, por Alicia Moreno (Ed.)
197. TERAPIA DE GRUPO CENTRADA EN ESQUEMAS. Manual de tratamiento simple y detallado con cuaderno de trabajo para el paciente, por Joan M. Farrell y Ida A. Shaw
198. TERAPIA CENTRADA EN LA COMPASIÓN. Características distintivas, por Paul Gilbert
199. MINDFULNESS Y PSICOTERAPIA. Edición ampliamente revisada del texto clásico profesional, por Christopher K. Germer, Ronald D. Siegel y Paul R. Fulton
200. MANUAL DE TRATAMIENTO DEL TRASTORNO DE ESTRÉS POSTRAUMÁTICO. Técnicas sencillas y eficaces para superar los síntomas del trastorno de estrés postraumático, por Mary Beth Williams, PhD, LCSW y CTS, Soili Poijula, PhD
201. CUIDADOS DE ENFERMERÍA SOBRE LA BASE DE LOS PUNTOS FUERTES. Un modelo de atención para favorecer la salud y la curación de la persona y la familia, por LAURIE N. Gottlieb
203. EL SER RELACIONAL. Más allá del Yo y de la Comunidad, por Kenneth J. Gergen
204. LA PAREJA ALTAMENTE CONFLICTIVA. Guía de terapia dialéctico-conductual para encontrar paz, intimidad y reconocimiento, por Alan E. Fruzzetti
206. SENTARSE JUNTOS. Habilidades esenciales para una psicoterapia basada en el mindfulness, por Susan M. Pollak, Thomas Pedulla y Ronald D. Siegel
207. PSICOTERAPIA SENSORIOMOTRIZ. Intervenciones para el trauma y el apego, por Pat Ogden y Janina Fisher
208. ¿TRATAR LA MENTE O TRATAR EL CEREBRO? Hacia una integración entre psicoterapia y psicofármacos, por Julio Sanjuán
210. EL MUNDO DE LA ESCENA Psicodrama en el espacio y el tiempo, por Pablo Población Kanappe y Elisa López Barberá; con la colaboración de Mónica González Días de la Campa
211. TRATAMIENTO BASADO EN LA MENTALIZACIÓN PARA TRASTORNOS DE LA PERSONALIDAD. Una guía práctica, por Anthony Bateman y Peter Fonagy
212. FOCUSING EN LA PRÁCTICA CLÍNICA. La esencia del cambio, por Ann Weiser Cornell
213. PSICOTERAPIA CENTRADA EN LA TRANSFERENCIA. Su aplicación al trastorno límite de la personalidad, por Frank E. Yeomans, John F. Clarkin y, Otto F. Kernberg
214. TORTURA PSICOLÓGICA. Definición, evaluación y medidas, por Pau Pérez-Sales
215. MANUAL PRÁCTICO DE PSICOTERAPIA INTEGRADORA HUMANISTA. Tratamiento de 69 problemas en los procesos de valoración, decisión y práxicos - VOL2, por Ana Gimeno-Bayón y Ramón Rosal
216. LA FORMULACIÓN EN LA PSICOLOGÍA Y LA PSICOTERAPIA. Dando sentido a los problemas de la gente, por Lucy Johnstone, Rudi Dallos
217. MANUAL PRÁCTICO DE TERAPIA DIALÉCTICO CONDUCTUAL. Ejercicios prácticos de TDC para aprendizaje de Mindfulness, Eficacia Interpersonal, Regulación Emocional y Tolerancia a la Angustia, por Matthew Mckay, Jeffrey C. Wood y Jeffrey Brantley
218. MINDFULNESS: UN CAMINO DE DESARROLLO PERSONAL. Programa de desarrollo personal Mindfulness Based Mental Balance (MBMB), por Santiago Segovia
219. MINDFULNESS PARA EL DUELO PROLONGADO. Una guía para recuperarse de la pérdida de un ser querido cuando la depresión, la ansiedad y la ira no desaparecen, por Sameet M. Kumar
220. TÉCNICAS DE TRATAMIENTO BASADAS EN MINDFULNESS. Guía clínica de la base de evidencias y aplicaciones, por Ruth Baer (Ed.)

222. MANUAL DE TÉCNICAS Y TERAPIAS COGNITIVO CONDUCTUALES, por Marta Isabel Díaz García, Mª Ángeles Ruiz Fernández, Arabella Villalobos Crespo
223. VIDA COMPASIVA BASADA EN MINDFULNESS. Un nuevo programa de entrenamiento para profundizar en mindfulness con heartfulness, por Erik van den Brik; Frits Koster
224. NEUROFEEDBACK EN EL TRATAMIENTO DEL TRAUMA DEL DESARROLLO. Calmar el cerebro impulsado por el miedo, por Sebern F. Fisher
225. AUTORREGULACIÓN CON MINDFULNESS Y YOGA. Manual básico para profesionales de la salud mental, por Catherine P. Cook-Cottone
226. EXPERIMENTAR LA TCC DESDE DENTRO. Manual de AutoPráctica/AutoReflexión para terapeutas, por James Bennett
227. LA PRÁCTICA DE LA TERAPIA SISTÉMICA, por Alicia Moreno

Serie PSICOTERAPIAS COGNITIVAS
Dirigida por Isabel Caro Gabalda

171. TERAPIA COGNITIVA PARA TRASTORNOS DE ANSIEDAD. Ciencia y práctica, por David A. Clark y Aaron T. Beck
181. PSICOTERAPIA CONSTRUCTIVISTA Rasgos distintivos, por Robert A. Neimeyer
184. TERAPIA DE ESQUEMAS Guía práctica, por Jeffrey E. Young, Janet S. Klosko, Marjorie E. Weishaar
191. TRASTORNOS DE ANSIEDAD Y FOBIAS. Una perspectiva cognitiva, por Aaron T. Beck y Gary Emery, con la colaboración de Ruth Greenberg
194. EL USO DEL LENGUAJE EN PSICOTERAPIA COGNITIVA Conceptos y técnicas principales de la terapia lingüística de evaluación, por Isabel Caro Gabalda
196. TERAPIA DE SOLUCIÓN DE PROBLEMAS. Manual de tratamiento, por Arthur M. Nezu, Christine Maguth Nezu y Thomas J. D'Zurilla
202. MANUAL DE INTERVENCIÓN CENTRADA EN DILEMAS PARA LA DEPRESIÓN, por Guillem Feixas Viaplana y Victoria Compañ Felipe
205. TRABAJANDO CON CLIENTES DIFÍCILES. Aplicaciones de la terapia de valoración cognitiva, por Richard Wessler, Sheenah Hankin y Jonathan Stern
209. MANUAL PRÁCTICO PARA LA ANSIEDAD Y LAS PREOCUPACIONES. La solución cognitiva conductual, por David A. Clark y Aaron T. Beck
221. CONCEPTUALIZACIÓN COLABORATIVA DEL CASO. Trabajar de forma eficaz con los clientes en la terapia cognitivo-conductual, por Willem Kuyken, Christine A. Padesky y Robert Dudley